KB261270

지은이	박성장
초판발행	2008년 9월 30일
펴낸이	배용하
책임편집	박민서
등록	제364-2008-000013호
펴낸곳	도서출판 대장간
	www.daejanggan.org
	대전광역시 동구 삼성동 대동천좌안8길 49
	전화 (042) 673-7424 전송 (042) 623-1424
박은곳	경원인쇄
보급처	기독교출판유통 (031) 906-9191

| ISBN | 89-92257-28-7 |

 값 8,000원

ISBN 89-7071-149-X.

땅을 향해 몸을 숙이다

박성장 지음

차례

CONTENTS

추 • 천 • 사

이 책을 읽으면
예수님의 기도 소리가 생생하게 들린다.

이 책은 기도가 무엇인지 알고 싶어 하는 모든 분들을 위한 책이다. 왜 기도하는데 응답이 없는가?

우선 기도를 드리지 않기 때문이다. 다음은 기도를 들으시는 하나님의 마음을 모르기 때문이다. 그러므로 이 책은 하나님의 뜻을 가장 잘 알고 드리는 기도가 무엇인지 우리에게 분명하게 보여주고 있다.

주기도는 원래 예수님께서 친히 제자들에게 가르쳐주신 기도이다. 주기도는 마태복음 6장과 누가복음 11장에 나오는데, 서로 유

사하면서도 각기 다른 내용으로 전해지고 있다. 저자는 마태복음을 따라서 처음 기도를 가르쳐 주신 예수님이 어떤 의도로 말씀하셨는지 영감이 넘치는 언어로 풀어내고 있다. 그러나 설교방식이 아니다. 저자의 언어는 예수님의 마음을 헤아리는 진지함과 열정으로 가득 차 있다.

마태복음의 주기도는 유대인의 전통을 충실하게 간직하면서도 마태 공동체가 당면한 시대적 상황들에 적절하게 대처하고 있음을 우리에게 보여주고 있다. 이것이 저자가 본서를 통하여 독자들에게 던지는 메시지이다. 곧 주기도는 옛날 예수님의 기도로 국한된 것이 아니라, 오늘 우리가 당면한 구체적인 문제까지도 해결하기 위해 하나님께 올려져야 하는 기도라는 사실이다. 그런 점에서 저자는 주기도를 통하여 이 시대가 요청하는 문제들을 진단하며, 구체적으로 그것들에 적용될 수 있는 내용을 독자들에게 던지고 있다.

이 책은 그동안 너무나도 익숙하게 여겼던 주기도이지만, 그 깊이를 다시 맛보기 원하는 모든 분들에게 도움이 될 것이다. 저자는 성서적 근거에 충실하게 주기도의 원뜻을 드러내고 있다. 저자가 제안하고 있는 간단하고 핵심적인 설명을 통하여 독자들은 "아, 이것이 예수님의 기도구나! 나도 이렇게 기도해야지."라는 공감대를 갖게 될 것이다.

이 책을 통해서 독자들은 갈릴리를 거니셨던 예수님의 육성을 듣게 될 것이다. 그리고 예수님과 함께 드리는 기도가 하나님께 올려지고 응답되는 놀라운 경험을 하게 될 것이다. 그러므로 이 책은 평신도뿐만 아니라, 신학생 더 나아가서 목회자들에게 아주 유용한 책이다.

모든 이들에게 일독을 권하면서 제자가 정성스럽게 쓴 책에 관해 아주 기쁜 마음으로 추천하는 글을 가름한다.

광나루 언덕에서

소 기 천 (장로회신학대학교 신약학 교수)

하나님과의 대화에 좋은 길잡이

"주의 기도는 가장 위대한 기도이며 우리가 하나님과 대화할 때 소재의 핵심을 알려주신 예수님의 가르침이다. 그러므로 주기도의 바른 뜻을 알고 그 내용을 깊이 음미하며 기도하면 우리의 영적 생활에 큰 도움이 된다.

이번에 저자가 집필한 주기도문 해설은 바른 성서학적 이해와 바탕 속에서 쓰여진 글이며 이 시대가 요청하는 진지한 묵상을 담고 있다. 이는 독자와 하나님과의 대화에 좋은 길잡이가 될 것으로 생각하며 추천하는 바이다."

모새골
임 영 수 목사

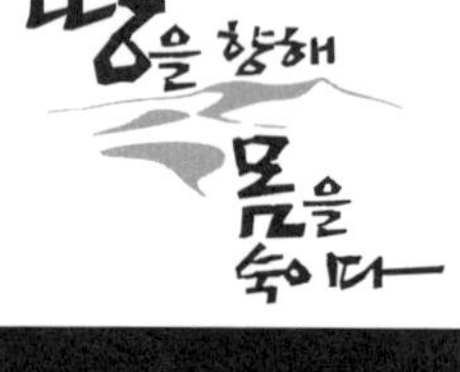

들·어·가·는·말

오랜 가뭄과 기근, 우상숭배가 온 땅에 충만했다. 땅은 더 이상 메마를 수 없을 만큼 황폐케 되었고, 백성들의 마음도 갈기갈기 찢어져 갔다. 3년 동안의 가뭄은 이 땅의 곡기뿐만 아니라 다른 사람을 위한 최소한의 배려와 너그러움도 앗아가기에 충분했다. 그 땅의 사람들에게 남겨진 것은 오직 절망과 울부짖음, 착취와 불신 그리고 광적인 우상숭배뿐이었다.

하나님의 사람 엘리야는 이 메마른 땅을 향하여 몸을 숙였다(왕상18:42). 절망과 좌절뿐인 땅을 향하여 조용히, 그리고 겸손하게 엎드렸다. 그 땅을 비난하고 싶었는지도 모른다. 우상숭배 가득한 그 땅이 싫어서 호통을 치고 싶었는지도 모른다.

그러나 성경은 그가 땅에 엎드려 무엇을 했는지 보도하지 않는다. 기도를 했는지, 주문을 외웠는지 우리는 알 수 없다. 성경은 그가 메마른 땅에 비가 내리기를 바라며 그저 땅에 엎드렸음을 말할 뿐이

다. 하늘을 향하여 소리치며 부르짖어 불을 내려달라던 갈멜산에서의 모습과는 상반되게 땅을 향한 그의 모든 행위는 한 마디 말도 없이 그저 땅을 향해 몸을 굽힌 것뿐이었다(꿇어 엎드렸다는 말의 히브리어 본래 뜻은 몸을 숙인다는 것이다).

하나님을 향하여 그토록 자신만만하던 엘리야는 메마른 땅을 향하여 아무 말도, 아무런 비난도, 아무런 소리침도 없이 그저 그 땅을 향하여 몸을 숙였다. 그 땅에 조금 더 가까이, 그 메마름과 고통에 조금 더 가까이, 자신의 이마를 땅에 묻기까지 다가갔다(왕상18:30-46).

나는 예수님의 성육신에서 이런 엘리야의 모습을 본다. 절망과 눈물로 얼룩져 있던 팔레스타인, 무익한 우상숭배와 서로의 착취로 고통 받던 온 인류 가운데 육신으로 오신 예수님께서 하신 일은 단지 그 아픔의 땅을 향하여 몸을 숙이신 것이었다. 털 깎는 자 앞에 선 어린 양처럼 아무 말도 없이, 아무런 비난이나 호통 없이 조용히 땅에 엎드리셔서 메말라 갈라진 땅에 비를 내려 주셨다.

아무리 저주해도 부족할 것 같던 세리와 윤락여성들의 친구가 되셨다. 아무런 비난도, 호통도 없이 죄인을 받아주시고, 병든 사람들을 찾아 고쳐주시고, 절망과 억압 속에 고통 받는 사람들을 만나셨고 그들을 새롭게 세워주셨다. 예수님의 삶은 그야말로 땅을 향하여 겸손히, 그리고 진실하게 몸을 숙인 삶이었다.

우리가 함께 고백하는 주기도문은 예수님의 이러한 모습을 너

무나도 잘 보여준다. 주기도는 단지 우리에게 가르쳐 주신 예수님의 기도일 뿐만 아니라 예수님 자신의 기도였다.

예수님은 그렇게 기도하셨고 그렇게 살아가셨다. 그리고 그 기도를 고백하며 살아가는 우리로 하여금 땅을 향하여 몸을 숙이는 삶을 살도록 인도하신다. 나는 주기도에서 땅을 향하여 몸을 숙이고 그의 무릎 사이에 얼굴을 묻고 계신 예수님을 본다. 나는 또한 주기도를 고백하는 나 자신이 땅을 향하여 몸을 숙여야 함을 깨닫는다. 더 나아가 주기도를 쉴 새 없이 고백하는 우리 모두가 메마른 땅을 향하여 몸을 숙이는 놀라운 비전을 본다. 이것이 이 책을 쓰게 된 동기이다.

주기도에 관한 책을 쓴다는 것은 큰 부담을 전제로 시작하는 것이다. 주기도에 관한 책들이 이미 많기 때문이다. 그럼에도 불구하고 서점 구석에 아무렇게나 방치돼 버릴지도 모르는 책을 또 다시 쓰는 것은 그 많은 책들에서 예수님의 삶과 예수님의 성육신을 발견할 수 없었기 때문이다.

나는 개인적으로 두 가지 과제를 염두에 두고 이 책을 시작하였다. 하나는 주기도를 단순한 신앙적 지침으로서가 아니라 예수님의 삶의 요약으로서, 그리고 놀라운 유대교적 전통과 초기 기독교의 형성과정 속에서 본래의 의미를 찾고자 하는 것이었고 다른 하나는 이 책을 통하여 누구나 쉽게 복음서에 나타난 예수님의 삶을 배우는

것이었다.

베드로후서 기자는 성도들을 향하여 '구주 예수 그리스도의 은혜와 저를 아는 지식에서 자라가라(벧후3:18)'고 권면한다. 이 말씀의 배경은 1장에서부터 3장에까지 지속적으로 나타나는 거짓선지자와 이단들의 미혹이다. 많은 이단들이 자의적으로 성경과 사도들의 글을 해석하여 자신들의 사상을 설파하는 가운데(벧후3:16) 베드로는 성도들을 향하여 예수 그리스도를 아는 지식에서 자라가라는 권면을 하는 것이다. 성도들이 예수 그리스도에 관한 분명한 지식 없이 신앙생활을 할 때 이단의 위협 앞에 무력해지기 때문이다.

이 말씀은 지금의 한국 교회가 겪고 있는 상황과 매우 유사하다. 요즘 우리나라는 이단 공화국이 된 듯 한 느낌을 받는다. 전통적인 이단들뿐만 아니라 신흥 이단들이 교회를 위협하고 있다. 특이한 것은 우리나라 그리스도인들이 전통적 이단보다 신흥 이단에 더 취약하다는 것이다. 이것은 한국교회가 그리스도를 아는 지식에서 자라가지는 못하고 남들이 이단이라면 무조건 멀리 해왔기 때문일 것이다. 그래서 누구나 다 알고 있는 전통 이단에는 현혹되지 않지만 신흥 이단에는 무력한 것이다.

이런 상황에서 우리에게 절실히 요구되는 것이 예수 그리스도를 아는 지식에서 자라가는 것이다. 지금까지 일부 교회들을 중심으로 흘러온 반지성주의는 교회를 병들게 했다.

맹목적인 신앙과 심한 기복주의, 그리고 근본주의적 성경이해와 광신적 신비주의는 한국교회를 이단에 매우 취약한 구조로 만들어 왔다. 지금 우리에게 필요한 것은 더 많은 열심이 아니라 예수 그리스도를 아는 지식에서 자라가는 것이다. 우리의 열심이 적어 이단들이 활개 치는 것이 아니다. 우리가 그리스도를 알아가는 지식을 등안시 했기 때문에 우리는 이단의 공격에 속수무책이 되어버린 것이다.

예수 그리스도를 알아가는 일과 그것이 누구나 쉽게 읽을 수 있는 언어로 표현되는 것에 부족한 능력이지만 최선을 다했다. 성경 본문을 해석하는데 있어서 가능한대로 성서학적 토대 위에서 이해하려고 노력했고 그것을 어려운 신학적 용어가 아니라 우리의 신앙과 삶에 실제적 도움을 줄 수 있는 것으로 표현하려했다. 그래서 각주는 생략했고 더 깊이 살펴보기 원하는 사람들에게는 약간의 참고 도서를 추천한다.

부족하지만 21세기를 살아가는 이 땅의 교회와 그리스도인들에게 이 책이 조금이라도 도움이 되었으면 좋겠다. 이 책이 그리스도인의 맹목성과 반지성을 뛰어넘어 생각하는 그리스도인, 스스로를 돌아볼 줄 아는 그리스도인을 세워 가는데 조금이라도 도움이 되었으면 좋겠다. 그리고 더 나아가 이런 책들이 더 많이 나와서 서로가 서로를 격려하며 교회를 아름답게 세워 가는데 귀하게 쓰임받기를

원한다. 모든 나라와 권세와 영광이 오직 하나님의 것이기에 하나님
께 모든 영광을 돌린다.

주기도와 하나님의 나라

기도는 한 개인의 필요를 하나님께 아뢰고 '간구' 하는 것 이상의 깊은 의미를 가진다. 뿐만 아니라 기도는 유한한 인간이 전능하신 하나님과 '대화' 하는 만남보다도 더 깊은 의미가 있다. 기도는 단순한 간구나 대화를 넘어서 한 인생이 하나님 앞에 어떤 존재로 서는가 하는 것을 결정짓는다. 기도는 우리 인생에 있어서 한 부분이 아니라 인생 전체이고 어떤 의미에서는 인생 자체이다. 머리카락 하나로도 유전자 감식을 통하여 한 사람의 모든 특성을 파악할 수 있는 것처럼 우리는 기도를 통하여 그 사람의 인생을 볼 수 있다.

한 사람의 기도 가운데 우리는 그가 어떤 세계관과 가치관을 가지고 있는지를 보게 된다. 그 기도 안에는 그 사람의 인생에 대한 태도, 목적, 방향 등이 드러나고 그가 가지고 있는 삶에 대한 관심의 영역이 나타난다. 한 개인이 드리는 기도의 내용이 그 사람의 삶의 질을 결정하고 더 나아가 인생 자체를 판가름 짓는다는 의미에서 기도는 인생 자체이다.

만약 어떤 사람이 많은 기도를 드리지만 그 기도의 내용이 현세적 복을 비는 것과 개인의 안정과 가족의 평안에만 머물러 있다면 우리는 그 기도를 통하여 그 사람의 관심의 영역이 물질적이라는 것과 그 사람의 기본적인 삶의 전제가 개인적이라는 것, 그리고 신앙인으로서 십자가를 지는 것보다는 개인의 안정에 더 무게를 두고 있다는 사실을 알 수 있게 된다. 이렇듯 개인의 기도는 그가 가진 삶의 영역들과 가치관들을 우리에게 보여준다. 그렇기 때문에 기도는 그 기도를 드리는 사람의 삶의 모습을 보여주는 프리즘과도 같다.

이것은 주님께서 가르쳐주신 기도에서도 예외가 아니다. 주기도를 자세히 들여다보면 그 안에 몇몇의 간구를 넘어서 우리의 삶을 향하여 강력하게 요구하는 삶의 정황과 가치관들을 발견하게 된다. 더 나아가 주기도를 통하여 우리는 예수께서 어떤 모습으로 살아가셨는가를 보게 된다. 사실 주기도는 일종의 간구나 하나님과의 대화라기보다는 우리가 살아가야 하는 삶의 모습을 보여주고 우리가 관심을 가져야 하는 관심의 영역을 대변해주는 우리 삶의 지침과도 같은 것이다. 물론 그 안에 일종의 간구들이 나타나지만 그것들은 우리의 삶에 대한 도전으로서의 간구, 즉 우리의 삶을 하나님 앞에서 변혁시키지 않으면 이루어질 수 없는 간구들인 것이다. 일용할 양식을 구하는 것이나 죄 사함을 비는 것 자체는 간구일 수 있지만 그 안에서 요구하는 것은 재물의 축적을 거부하는 것, 나에게 죄 지은 사람을 먼저 용서하는 것과 같은 새로운 삶에 대한 우리의 변혁을 요구하고 있다.

주기도는 한 가지 주제 아래 강하게 묶여 있다. 주기도 전체를 꿰뚫고 있는 그 주제는 '하나님의 나라'이다. 이것은 '하나님의 나라가 가까웠으니 회개하고 복음을 믿으라(막1:15)'는 예수님의 선포와도 직접적으로 연결되는 것이다. 예수께서 이 땅에 오셔서 선포하신 말씀의 중심에는 '하나님의 나라'가 있었다. 예수의 첫 선포를 "'하나님의 나라'가 가까웠으니 회개하고 복음을 믿으라"는 것으로 증언하고 있고, 마태복음도 "회개하라. '천국(하나님의 나라)'이 가까웠다"라고 말하고 있다. 예수님의 비유 또한 그 주제가 '하나님의 나라'인 것을 우리는 너무나 잘 알고 있다. 예수님의 전체적인 선포의 내용이 하나님의 나라 안에서 이루어진 것과 같이 주기도 또한 '(하나님의)

나라가 임하옵시며’ 라는 하나님의 통치에 관하여 말씀하고 있다.

하나님의 나라는 이 땅에서 살아가는 우리의 삶을 변혁시키는 능력이다. 하나님의 나라가 이 땅에 임할 때 우리의 삶은 큰 파도 앞의 배처럼 요동하며 하나님 앞에 엎드러지게 된다. 우리의 개인적인 삶뿐만 아니라 우리의 관계와 우리 모두의 인생이 변혁되어지고 새로워지게 된다. 주께서 보여주신 복음의 능력은 사변적인 이론이 아니라 우리를 개혁하고 고치시는 하나님의 능력이기 때문이다. 하나님의 나라 안에서 맹인의 눈이 밝아질 것이고 듣지 못하는 사람들의 귀가 열리고 지체 장애인들이 고침을 얻고 말 못하는 자의 혀가 노래하기 시작할 것이다(사35:5-6).

예수께서는 이 비전 안에서 살아가셨다. 메마른 땅에 하나님의 비가 쏟아질 것을 바라보셨다. 하나님의 나라를 선포하시며 병들고 힘없고 연약한 사람들을 고치시고 구원하셨다. 수고하며 무거운 짐 때문에 고생하는 모든 사람들을 부르시고 그들에게 쉼을 주셨다(마11:28). 예수께서는 하나님께서 친히 다스리시는 나라를 꿈꾸셨고 그 비전을 향하여 자신의 삶을 드리셨을 뿐만 아니라 그 나라를 위하여 친히 죽임을 당하셨다.

우리가 예수 그리스도의 이름 안에서 하나님의 은혜를 경험하고 하나님의 나라를 이루어 가는 것은 우연히 이루어진 결과가 아니라 예수께서 그 자신의 삶 안에 하나님의 나라를 잉태하셨고 해산의 고통으로 하나님의 나라를 낳으셨기 때문이다. 그래서 우리는 예수 그리스도의 이름으로 하나님을 만나며 하나님의 다스리심을 받게 된다. 그것이 예수님의 기도 안에 있는 능력이다.

예수께서는 또한 우리에게 하나님 나라의 비전을 나누어 주셨다. 우리로 하여금 그 나라를 꿈꾸며 그 나라와 그 나라의 정의를 구하게 하셨다. 우리가 그 나라를 꿈꾸며 수고하고 무거운 짐에 허덕이는 사람들을 사랑으로 돌보기 시작할 때, 그리고 우리가 우리의 삶과 죽음을 그 나라를 위하여 드릴 때에 하나님께서는 우리를 통하여 다시금 새로운 역사를 이루어 가실 것이다. 이 땅의 수많은 고통 가운데 있는 사람들이 우리를 통하여 하나님을 만나고 하나님의 나라를 경험하게 될 것이다. 하나님께서는 지금도 우리를 주님의 기도 가운데로 부르고 계신다.

우리는 주기도를 통하여 예수께서 선포하셨던 중심 메시지였던 하나님의 나라를 보려고 한다. 하나님 나라의 관점에서 주기도를 이해하고 주기도와 함께 예수께서 베풀어 주신 비유들을 이해하고 예수님의 말씀을 이해하며 예수님의 삶을 살펴볼 것이다. 그래서 주기도를 통하여 예수님을 만나고 예수께서 그토록 사랑하시며 바라셨던 하나님 나라의 참된 의미를 발견하려고 한다. 예수님의 삶과 인격 안에 나타난 하나님의 나라를 발견하고 우리 자신도 그 안에서 발견될 때, 우리는 예수님처럼 땅을 향하여 겸손히 몸을 숙이게 되는, 주님의 기도에 적합한 사람이 될 것이다.

주기도는 우리에게 하나님의 나라를 구하라고 가르치고 하나님 나라의 삶을 살 것을 촉구한다. 물론 주기도에서 하나님의 나라가 무엇인지 구체적으로 설명하거나 그 나라의 삶이 무엇인지 직접적으로 진술하지는 않는다. 그러나 우리가 관심을 가지고 주기도를 우리 삶에 적용하기 시작할 때 우리는 그 안에 있는 하나님의 나라를 만나게 되고 그 기도 가운데 사셨던 예수 그리스도의 삶을 만나게 될 것이다. 하나님의 통치에 대한 선포(하나님의 나라)를 떠나서 예수님의 삶을 이해할 수 없는 것과 마찬가지로 하나님의 나라를 떠나서 우리는 주님의 기도를 정확히 우리의 것으로 고백할 수 없다.

우리는 주기도를 통하여 하나님 나라의 임재를 위한 간구와 그 간구에 걸맞는 삶에 대한 두 가지 중요한 원칙을 보게 될 것이다. 물론 이것이 현대를 살아가는 우리의 삶에 무엇을 의미 하는지에 대하여는 더 깊은 묵상과 실천적 삶을 필요로 하겠지만 주기도를 통하여 우리가 예수께서 이 세상을 향하여 품으셨던 마음과 그분께서 하나님을 바라보셨던 신앙, 그리고 그의 삶의 방향과 그분의 열정을 볼 수 있다면, 그래서 우리로 하여금 자연스레 이 땅의 아픔을 보며 그들을 향하여 몸을 숙이게 한다면 그것만으로도 이 책의 성과는 넘치고도 남는다.

우리가 예수 그리스도를 피상적인 교리의 영역에 가두어 두지 않기를 바란다. 사변적인 이론이나 허탄한 논리는 예수님을 담을 수 있는 그릇이 못 되기 때문이다. 우리가 함께 예수님의 삶을 배우고 그분의 눈물을 배우고 이 세상을 향하여 엎드리셨던 그분의 통곡을 배우기를 바란다. 하나님의 나라를 선포하며 고통 받는 삶의 자리로 스스로 내려가셨던 그분의 손과 발을 배우기 원하고 그분이 기도하셨던 그 기도를 배우기를 바란다. 그 배움의 자리에 목말라 하는 이 땅에 대한 경험이 있고 땅을 향한 엎드림이 있다. 예수님을 추상적 교리에서 해방시키고, 더 나아가 예수님을 우리의 머릿속에서 해방시켜 드렸으면 좋겠다. 예수님의 삶이 우리 안에서 재현되도록 우리

의 삶을 드릴 때 우리가 드리는 '주기도문'이 '주문'이 아니라 우리
의 삶을 변혁시키는 하나님의 능력이 될 것이다.

2장

성전과 하늘

우리는 기도할 때 늘 하나님을 부른다. 또한 그 하나님에 대하여 다양한 수식어들을 붙여서 사용한다. 구약성경에 나타나는 기도들에도 하나님에 대한 수식어들이 다양하게 등장하는 것을 보게 된다. 이 수식어는 기도에 있어서 매우 중요한 역할을 하게 되는데 보통 기도 전체를 어우르는 기본 전제가 이 수식어에 담기게 된다. 그래서 삶과 죽음의 문제 앞에서 우리는 '생명의 근원되시는 하나님'을 부르고, 고난과 슬픔 가운에서 '위로의 하나님'을 부르고 하나님의 존귀와 위엄 앞에서 '광대하신 하나님'을 부르며 기도를 시작한다. 이렇듯 하나님을 어떻게 이해하고 부르는가에 따라 기도의 성격과 방향이 결정되게 되는데 주기도에서는 하나님을 '하늘에 계신 분', 그리고 '우리의 아버지'로 부르고 있다. 이것은 앞으로 보게 될 주기도 전체 내용의 서론과 같은 역할을 한다.

주기도는 하늘에 계신, 아버지 되신 하나님을 고백하며 그 안에서 하나님을 계시하고 하나님의 나라를 보여주고 있다. 하나님의 나라는 하늘에 계신 하나님께서 다스리시는 곳이다. 그리고 그 나라에서 하나님께서는 우리의 아버지가 되시고 우리는 그분의 자녀가 된다. 우리가 하나님을 하늘에 계신 분으로, 우리의 아버지로 고백하는 것은 우리가 하늘에 거하시는 분의 다스림을 받는다는 것과 그 다스림이 아버지와 자녀의 관계 속에서 이루어진다는 것을 의미한다.

1. 하늘에 계신 하나님

하나님께서는 어디에 계신가? 혹자는 하늘에, 혹자는 마음에,

혹자는 어느 곳에나 계신다고 말한다. 그렇다면 주기도에서 고백하는바 하나님께서 하늘에 계시다는 것은 무엇을 뜻하는가?

우리는 이 물음에 대답하기 위해서 우리가 살펴보고자 하는 주기도문이 기록되어 있는 마태복음의 상황을 살펴야 한다. 마태복음은 모든 사람들이 인정하듯이 유대적 기독교 공동체 안에서 기록된 성경이다. 그래서 마태복음은 전체 구조에서도 모세오경을 닮았고, 사용하는 용어나 내용 자체도 유대적 성향을 많이 띠고 있다. 유대인들은 십계명의 제3계명으로 인해 하나님의 이름을 부르지 않았고, '하나님'이라는 용어 자체에 대한 사용을 가급적 피했기 때문에 하나님이라는 용어보다는 하나님을 상징하는 '하늘'이라는 단어를 애용했다. 이러한 유대적 영향으로 인해 마태복음은 '하나님의 나라'라는 용어도 유대적 표현인 '하늘나라'로 대부분 바꾸어 쓰고 있는 것을 볼 수 있다.

우리는 예수께서 하나님을 하늘에 계신 분으로 고백한 것의 유대적 배경을 이해할 때 본문을 더 풍성하게 알 수 있게 된다. 예수께서는 분명 온 세상의 구원자이셨지만 육신으로는 유대인으로 태어나서 유대인들이 고백하던 하나님을 함께 고백하셨던 분이시다. 이런 유대적 배경을 잘 이해하고 있을 때 우리는 예수께서 하늘에 계신 하나님을 고백할 때 그것이 무엇을 의미하는지 정확히 알 수 있게 된다.

이것은 중요한 문제이기 때문에 부연설명을 좀 더 해야 할 것 같다. 우리는 성경말씀을 대할 때 그 말씀이 기록된 역사적, 문화적, 사회 경제적 상황을 떠나서 그 말씀에 대한 정확한 뜻을 알 수 없다.

만약 우리가 본문의 상황을 고려하지 않고 우리의 상황 속에서만 말씀을 보게 된다면 우리는 성경에 감추어진 깊은 보화를 찾아낼 수 없다. 왜냐하면 성경은 진공관 속에서, 즉 아무런 역사적, 문화적 배경 없이 하늘에서 떨어진 책이 아니기 때문이다. 성경 안에 나타난 하나님의 말씀은 성경이 기록된 당시의 문화와 역사와 사회적 상황에 감추어진 보물과도 같다. 그렇기 때문에 우리는 당시의 상황을 잘 이해하고 그 안에 감추인 하나님의 말씀을 발견해야 하는 것이다. 하나님의 말씀은 그 말씀이 기록될 당시의 문화와 언어, 역사적 상황과 사상, 사람들의 인식과 사고의 옷을 입고 전해졌기 때문에 우리가 하나님의 말씀을 바로 이해하기 위해서는 그 말씀이 기록된 역사적 배경과 문화적, 사회적 틀을 깊이 이해해야만 한다. 이런 수고와 노력 없이 성경을 읽는 것은 쉽고 간편하다. 때로는 이런 것이 더욱 마음에 와 닿는 것 같은 느낌을 줄 수도 있다. 그러나 성경이 기록된 시대의 역사적, 문화적 상황을 깊이 있게 들여다보지 않고 나의 상황에만 초점을 맞출 경우 우리는 성경이 말씀하는 것의 참 의미를 놓치기가 쉽다. 그렇기 때문에 우리는 주기도의 '하늘에 계신 하나님'도 역사적 문화적 맥락에서 이해할 필요가 있는 것이다.

이제 본론으로 다시 돌아오자. 예루살렘이 바벨론에 의해 함락되고 백성들이 포로로 사로잡혀가기 이전에 이스라엘 사람들은 왕정신학의 영향 아래 있었다. 왕정신학이란 하나님께서 다윗왕을 선택하셨고 예루살렘을 하나님의 시온성으로 삼으셨다는 사상을 의미하는 것이다. 예루살렘은 하나님께서 특별히 보호하는 성이기 때문에 어떤 일이 있어도 무너지지 않을 것으로 믿었다. 하나님께서 살아계신다는 것은 하나님께서 예루살렘을 보호 하신다는 것을 의미했고 하나님은 결단코 예루살렘을 버리지 않으신다는 확고한 믿음이 왕정 신학의 기초였다. 그래서 예레미야가 예루살렘의 멸망을 예언하고 바벨론에 항복하기를 종용했을 때 예레미야의 예언은 백성들의 지지를 받지 못했고 그는 늘 목숨의 위협가운데 살아야만 했다.

이러한 왕정신학의 중심에 '성전'이 있었는데 왕정신학에서 하나님은 이 성전에 사시는 분이셨다. 성전은 하나님의 집이기 때문에 거룩한 곳일 뿐만 아니라 하나님을 만나는 예배의 장소였다. 따라서 하나님을 만나기기 위해서는 예루살렘에 있는 성전으로 가야만 했고 이러한 불편함은 성전의 배타적 권위를 더욱 강화시켜주었다. 하나님을 성전과 분리시켜 생각하는 것은 상상할 수도 없는 일이었다. 분명히 하나님께서는 성전을 자신의 거처로 삼고 계시는 '성전에 계신 분'이었다.

그러나 예루살렘이 바벨론에 의해 정복당하고 성전이 훼파된 이후 상황은 급격하게 바뀌었다. 전쟁에서 승리한 민족의 신이 더 강하고 우월한 신이라고 믿었던 당시 고대 근동 사람들의 인식에 따라 야훼는 바벨론의 신 마르둑에게 패배한 신으로 여겨졌다. 또한 성전의 훼파로 인해 야훼는 거처를 잃은 신이 되었다. 이스라엘 백성들에게 이 사건은 실로 엄청난 정신적 충격을 주었고 백성들은 이 사실을 쉽게 받아들일 수 없었다. 다윗왕가와 성전을 향한 하나님의 영원한 약속이 깨어진 시점에서 더 이상 하나님의 신실하심은 없는 것처럼 보였다. 야훼는 무능한 신처럼 느껴졌고 자기 백성과 자신의 처소를 지키지 못하는 어리석은 신처럼 보였다.

많은 사람들이 절망하며 소망의 끈을 놓는 듯 했다. 그러나 참으로 놀랍게도 이스라엘 백성들은 하나님을 향한 신앙을 포기하지 않았다. 어느 면으로 보나 야훼에 대한 신앙을 유지하는 것이 불가능해 보이는 상황에서도 이스라엘은 야훼 하나님에 대한 굳은 신앙을 버리지 않았다. 비록 이스라엘이 자신들의 신앙을 포기하지는 않았지만 그럼에도 불구하고 문제는 여전했다. 신앙 안에서 해결되어야 할 수 많은 문제들, 특별히 성전과 유대민족의 미래에 대한 문제들이 여전히 산적해 있었고 그것은 해결하기 쉽지 않은 것이었다. 이런 상황 속에서 바벨론 포로들을 중심으로 하나님에 대한 이해의 다양한 시도들이 생겨나기 시작한다.

그 변화의 가장 핵심적인 것 중 하나가 성전, 즉 하나님의 거처에 관한 것이었다. 하나님의 거처가 더 이상 성전이 아니라는 것이 가장 핵심적인 내용이다. 그들은 하나님을 더 이상 성전에 가둬둘 수 없음을 깨달았다. 성전은 광대하신 하나님을 모셔둘 수 있는 장소가 아니었다. 하늘 중의 하늘도 하나님을 모시기엔 부족한데 하물며 인간이 만든 성전이 하나님을 모셔둘 수는 없다는 것을(왕상8:27) 이해한 것이다. 성전에 갇혀 있던 하나님이 드디어 그 좁은 감옥에서 해방되어 하늘로 거처를 옮기신 것이다. 이스라엘이 경험한 고난과 아픔은 하나님을 소수의 특권층에게만 허락되었던 성전이 아니라 누구에게나 열려있는 하늘에 계신 분으로 고백하게 만든 것이다.

이스라엘이 하나님을 하늘에 계신 분으로 고백하기 시작한 것은 매우 중요한 의미를 가진다. 그것은 성전이 상징하는 배타성이 하늘이 상징하는 보편성과 포용성으로 바뀐 것을 의미하기 때문이다.

예루살렘의 함락으로 말미암아 이스라엘 안에 있던 배타성이 깨어지기 시작했다. 물론 민족주의적 배타주의가 완전히 사라진 것은 아니지만 그 배타성은 분명히 약화되었고 하나님을 온 우주의 하나님으로 고백하는 포용적 신앙이 힘을 얻게 되었다. 성전에 갇힌 작은 하나님, 자신들의 민족적 하나님이 아니라 크고 광대하신 온 세계의 하나님을 고백하기 시작한 것이다.

포로시기에 기록된 제2이사야(사40장-55장)는 이러한 변화를 매우 잘 보여준다. 제2이사야에는 '유일신론'이 나타나는데 유일신론이란 말 그대로 하나님은 오직 한분이라고 믿는 신앙을 의미한다. 이상하게 생각되지 않는가? 우리는 흔히 유대교나 기독교가 처음부터 유일신을 믿었다고 생각한다. 그러나 포로기 이전 이스라엘은 포로기에 이르러서야 세상에 신은 오직 야훼밖에 없음을 깨달았다.

포로기 이전 이스라엘은 야훼 하나님을 섬겼지만 세상에 신은 야훼밖에 없다고 믿지는 않았다. 이스라엘의 섬김은 다른 국가의 신보다 강한 신으로서, 국가 수호신으로서의 성격이 강했다. 여러 신들이 존재하지만 그 신들 중에 야훼께서 참 신, 즉 강하고 위대한 신이라는 것이다. 이러한 믿음은 이스라엘이 바벨론에게 패배하기 전까지 유지되었다. 그러나 바벨론과의 전쟁에서 패배한 후 이스라엘은, 아니 이스라엘의 야훼 하나님의 능력은 재판대 위에 설 수밖에 없었다. 야훼 하나님의 능력이 바벨론의 마르둑 신보다 약하다고밖에 설명되지 않았기 때문이다.

이런 이해할 수 없는 상황에서 이스라엘 백성들은 이 모든 것을 주관하시는 분이 오직 한 분, 야훼 하나님이심을 발견한 것이다.

다른 신은 없다(사44:6-17). 야훼께서 다른 신들과의 싸움에서 패배한 것이 아니라 애초에 다른 신들은 존재하지 않았다. 다른 신들은 인간이 만든 우상에 불과할 뿐 이 모든 것을 주관하신 분은 야훼 하나님이시다. 자신들이 포로가 된 것도 하나님께서 다른 신보다 약하기 때문이 아니고 오직 한 분이신 하나님의 계획과 섭리 안에서 이루어진 것이다. 이렇게 이스라엘 백성들은 온 우주에 오직 야훼 하나님만이 유일하신 참 신이심을 고백하게 된 것이다.

이 한 분이신 하나님께서는 성전 안에 머물러 계시지 않고 하늘로 거처를 옮기셨다. 정확히 말하면 하나님께서 거처를 옮기신 것이 아니라 이스라엘 백성들이 하나님을 새롭게 이해하기 시작한 것이다. 이스라엘 민족만을 위하여 존재하시던 하나님께서 이제 온 세계의 하나님이 되셨다. 이스라엘의 흥망성쇠와만 함께 하던 하나님께서 온 우주의 주관자가 되셨다. 하나님에 대한 이스라엘의 배타성이 온 세상을 향한 보편성으로 변화되었다. 이것이 하나님께서 하늘에 계시다는 고백의 의미이다. 이것은 포로기에 생겨나서 예수님을 거쳐 신약교회를 세우는데 핵심적인 신학으로 자리 잡았다. 사실 신약교회는 하나님의 하늘에 계심, 즉 하나님의 보편성 위에 세워졌다. 유대 특수주의를 거부하고 하나님께서 하늘에 계심을 고백하는 믿음 위에 이방선교가 이루어졌고 그 위에 교회가 세워졌다(행7:49; 54-56).

헬라파 유대 그리스도인을 대표하던 스데반 집사의 설교에서 우리는 이 사실을 발견할 수 있다. 교회의 헬라파 기독교인들이 유대인들에 의해 박해를 당할 때 스데반은 그의 설교에서 유대인들에 의해 지어진 성전을 비판하며(행7:49) 하나님은 성전에 계신 분이 아니라 하늘에 계신 분이심을 선포한다. 이것이 유대 보수주의자들에게 거리끼는 것이었기 때문에 스데반은 순교를 당하였다. 스데반이 숨을 거두는 그 때 스데반은 '하늘'에 계신 예수께서 자리에서 일어서심을 보게 된다. 예수께서 하늘에 계시다는 것은 하늘 어딘가에 자리를 펴고 계신다는 말이 아니라 예수께서 유대인들의 성전이 아닌 하늘, 즉 모든 사람-유대인과 이방인-들에게 열린 곳으로서의 상징인 하늘에 계신다는 것을 의미한다. 스데반의 이방인 선교를 향한 순교의 현장에서 예수께서는 유대인들의 성전이 아니라 '하늘' 보좌에 계셨다(행7:55-56).

주기도는 우리로 하여금 하늘에 계신 하나님을 고백하도록 한다. 우리는 이스라엘이라는 작은 나라의 조그만 성전에 갇혀있는 하나님을 믿는 것이 아니다. 우리가 믿는 하나님은 편협한 배타성에 사로잡혀 오직 자신의 이익과 유익을 위해서만 존재하시는 그런 분이 아니다. 하나님께서는 온 우주와 하늘에 충만하신 분이고 하늘을 바라보는 모든 사람에게 열린 분이시다. 마태복음 5장 45절은 하나님께서 이 땅의 모든 사람들에게 동일하게 햇빛과 비를 주신다고 말씀하고 있다. 하나님은 하늘 아래 거하는 모든 사람들의 하나님이 되실 뿐 아니라 모든 사람에게 동일하신 분이시다. 비록 내 눈에 악해 보여서 하나님이 분명히 내 편에 있을 것이라고 생각된다 할지라도 사실은 그렇지 않을 수 있다. 하나님께서는 하늘에 계시고 모든 사람들에게 동일하신 분이시다. 이것이 마태복음 5장 45절의 의미이다.

하나님께서 하늘에 계시다는 말씀을 통해 우리는 하나님의 나라와 교회의 본질적인 모습을 보게 된다. 많은 사람들이 교회에 대하여 대단히 잘못된 오해를 가지고 있는 것 같다. 교회는 차별화 된 사람들이 모인 브라만들(인도 카스트제도의 제사를 담당한 제일 신성 계급)의 모임이 아니다. 하나님께서 그리스도인들에게 하나님의 자녀되는 특권을 주신 것은 세상에서 우리를 특별하고 우월한 계층으로 구분시켜 주신 것이 아니다. 또한 교회는 성전으로 사람들을 모아서 하나님을 성전에 계신 분으로, 성전에 모인 사람들만의 것으로 만드는 곳이 아니다. 우리는 하나님 앞에 자녀됨의 당당한 권리를 가지고 있는 사람들이지만 세상 앞에 권리를 가지고 있는 사람들은 아님을 기억해야 한다.

교회가 세상을 향한 권리를 주장하기 시작할 때 교회는 집단 이기주의에 빠지게 되고 부패하기 시작한다. 어떤 사람들은 하나님께 드리는 자녀로서의 예배를 위한 것이라면 시끄럽게 떠들며 다른 사람들에게 피해를 줘도 용서가 된다고 생각한다. 그러면서 이웃에게 피해를 주는 것에 조차도 당당하다. 그 권리는 도대체 누를 향한 것인가? 우리는 하나님 앞에 예배하며 우리의 당당한 권리를 주장할 수 있다. 하나님께서 우리를 자녀 삼으시고 구원하셨기 때문에 때에 따라 돕는 은혜를 당당히 구할 수 있다. 그러나 세상을 향하여 '우리는 예배 중'이라는 이유로 권리를 주장 할 수는 없는 것이다. 그것은 마치 우리 그리스도인들이 하나님을 자신들만의 하나님인 양 착각하는 것이다. 여전히 하나님은 예루살렘의 성전에 계신 하나님이라고, 자신은 그 예루살렘의 특권을 가진 백성이라고 생각하는 것이다. 그러나 하나님은 더 이상 성전이 아니라 하늘에 계신 분이심을 알아야 한다. 하나님은 교회의 하나님이시기도 하지만 온 세상의 하나님이시기도 하다.

하나님께서 우리에게 주신 자녀됨의 은혜는 하나님의 전적인 선물이다. 선물은 주는 사람의 의지에 의해서 결정되는 것이지 받는 사람의 요구나 자격에 의해서 이루어지는 것이 아니다. 우리는 그저 하나님의 선물을 받았을 뿐이다. 자격이나 요구가 개입되기 시작할 때 그 선물은 이미 선물이 아니라 거래나 교환으로 전락하게 된다. 그렇다면 선물을 받은 사람이 선물 받지 못한 사람에게 어떤 권리나 자격이 주어지는가? 선물이 주는 사람의 의지에 의해서 결정된다면 선물 받은 사람과 못 받은 사람의 차이는 무엇인가? 선물 받은 사람이 그렇지 못한 사람들보다 우월한가? 단지 선물 받은 사람이 그렇지 못한 사람보다 특권을 가진 존재인가? 그렇지 않다. 교회는 그저 하나님의 선물을 받은 사람들이 모인 공동체일 뿐이다. 그래서 하나님을 향하여 감사함과 당당함을 가질 수 있지만 세상을 향하여 권리를 주장하는 것은 하나님의 은혜를 오해한 행동이다.

교회는 하늘 아래 거하는 모든 사람들에게 우리의 권리를 주장하고 내세우는 곳이 아니라 세상을 섬기는 곳이다. 그래야 그곳이 하나님의 나라가 된다. 교회가 모두 하나님의 나라일 수는 없다. 또한 세속적 세계는 결코 하나님의 나라가 될 수 없는 것도 아니다. 하나님의 나라는 어느 곳에나 임해야 한다. 교회도 이 사실에 예외일 수 없다. 하늘에 계신 하나님께서 다스리시고 주인이 되신 교회는 곧 하나님의 나라이고 반면 하나님의 존재가 묵살당하고 오직 인간들의 이익과 권리를 지키기 위한 교회는 하나님의 나라일 수 없다. 교회가 하나님의 나라가 되기 위해서는 '하늘에 계신 하나님'을 불러야 한다. 우리는 하나님을 교회의 하나님으로 묶어 두는 것이 아니라 '하늘'의 하나님으로 인정해야 한다. 하나님께서는 이 세상을 사랑하셨다. 이 말은 하나님께서 '교회'를 사랑하셨다는 말이 아니라 '세상'을 사랑하셨다는 말이다. 하나님께서 사랑하신 세상을 사랑하는 곳이 교회이고 그곳이 하나님의 나라가 이루어진 곳이다.

이스라엘 백성들이 나라의 멸망 후 하늘에 계신 하나님을 부르기 시작하면서 자신들의 새로운 사명을 깨달았다. 하나님께서 주시는 새로운 사명을 보는 눈이 열린 것이다. 제2이사야에서 지속적으로 말씀하고 있는 것과 같이 그들은 자신들을 '이방의 빛'으로 인식하기 시작했다(사42:6, 49:6, 60:1-3). 그리고 그 안에서 자신들의 사명을 발견했다. 하나님은 자신들만의 하나님이 아니라 모든 사람들의 하나님이고 그 하나님을 알지 못하는 이방 백성들을 비추는 '빛'으로 자신들이 부름 받았음을 깨닫기 시작한 것이다.

교회가 하늘에 계신 하나님을 고백하는 것 또한 교회의 사명과 관련되어 있다. 교회는 더 이상 특권집단이 아니라 이 세상을 향한 하나님의 도구이자 종이다. 하나님은 이 세상에 빛을 비추시기 원하시고 교회는 그 일에 쓰임 받는 도구로서의 사명을 받았다. 교회는 단지 구원 얻는 사람들을 모아 놓은 방주가 아니다. 물론 하나님께서는 교회를 방주로 사용하셔서 교회에 나아오는 자를 구원하시고 보호하신다. 그러나 교회는 단지 방주로서 뿐만 아니라 이 세상을 비추는 빛으로 하나님 앞에 세워질 때 참 의미를 갖는다. 하나님께서는 교회를 사랑하시고 교회를 구원하시지만 또한 교회를 통하여 이 '세상'을 구원하신다. 그러나 교회가 사명을 잃고 하나님께서 교회를 사랑하신다는 사실이 교회의 집단 이기주의의 도구로 사용되기 시작할 때 매우 심각한 문제가 생겨난다. 하나님을 교회 안에 갇힌 하나님으로 만들기 시작할 때 하나님은 그 능력을 상실하여 바벨론에게 패배한 무능력한 하나님으로 전락하게 되는 것이다.

교회가 교회만의 기득권을 주장할 때 교회는 사회를 향한 영향력을 상실하게 된다. 지금의 교회가 직면하고 있는 위기도 결국은 교회의 이러한 집단 이기주의로부터 비롯된 것이라 할 수 있다. 한국교회의 짧은 역사를 되돌아보면 교회가 구원의 방주로서 뿐만 아니라 이 어두운 세상을 비추는 등대로서 사회의 아픈 부분들을 만지고 하나님의 사랑을 나타낼 때 교회는 세상을 향하여 영향력을 가지고 있었다. 그러나 교회가 하나님의 하늘에 계심을 상실하고 하나님을 교회 안에 가두기 시작하면서 교회는 집단 이기주의로 물들게 되고 사람들에게 지탄의 대상, 사람들이 가증하게 여기는 것이 되어버렸다.

유대인들을 중심으로 구성되었던 초기교회가 하늘에 계신 하나님을 고백하며 이방인들에게도 복음을 증거 하기 시작했던 것처럼 오늘 우리도 하늘에 계신 하나님을 회복해야 한다. 하나님을 '나' 의 욕망 안에, 교회라는 울타리 안에 가두어 두었다면 이제는 큰 권능 가운데 계신 하늘의 하나님으로 해방시켜 드려야 한다. 하늘에 계신 하나님 안에서 개인의 이기주의가 극복되고 교회의 집단 이기주의가 극복될 때 교회는 하나님의 나라가 될 것이고 이 세상 또한 하나님께서 다스리시는 하나님의 나라가 될 것이다.

2. 우리의 아버지

기독교는 본질적으로 개인의 해탈을 추구하는 종교가 아니다. 예수님께서는 어떻게 이 고통 많은 세상을 초월하여 살 수 있는지 가르치시지 않았다. 또한 어떻게 하면 개인이 행복한 삶을 살아 갈 수 있는지에 관하여도 말씀하시지 않았다. 더 나아가 저 세상에 갈 날을 기다리며 이 세상에서 참고 인내하라고 말씀하시지도 않았다. 예수께서는 개인의 해탈이 아니라 하나님 나라 공동체를 말씀하셨고 이 세상에 대한 초월이 아니라 이 땅에 이루어질 하나님의 뜻을 품고 계셨으며 개인의 행복추구가 아니라 십자가를 지고 자신을 따를 제자들을 부르셨고 본인 스스로 자신의 인생을 하나님의 나라를 위해 아낌없이 드리셨다.

종교개혁 이후 개신교는 지나치게 개인화되었다. 가톨릭의 공동체적 신앙에 반발하여 세워진 교회이기 때문에 개인주의적 신앙이 더욱 강하게 자리 잡았다. 특별히 우리 한국교회의 성도들에게는 그 현상이 두드러진다. 역사적으로 공동체적 생활과 관습에 익숙한 우리 민족에게 개인화는 매우 낯선 것임과 동시에 매력적인 것으로 다가왔을 것이다. 그래서 한국교회 안에는 낯설지만 매력적인 개인적 신앙이 쉽게 자리를 잡았다. 그 결과 구원도 개인화, 경건도 개인화, 교회도 개인화, 삶도 개인화 되었다. 그런 이유로 하나님 나라와 구원에 대한 이해도 공동체로서의 중요성을 상실한 채 개인화, 내면화 되어있는 것이 사실이다. 그러나 성경은 하나님과의 개인적인 만남과 함께 개인을 넘어선 하나님 나라 공동체를 만들어 갈 것을 말씀하고 있다. 하나님의 나라는 하나님의 다스림 가운데 살아가는 사람들의 관계를 기반으로 하여 세워진다. 베드로서는 '너희'는 거룩한 나라요 왕 같은 제사장들이라고 말씀하고 있다. 우리는 이 말씀을 지극히 개인적으로만 적용하기 때문에 하나님께서 공동체를 세우시며 그 안에서 주시는 귀한 은혜들을 쉽게 놓치게 된다.

주기도는 하나님을 '우리'의 아버지라고 부른다. 하나님께서는 나만의 아버지가 아니라 하나님을 고백하는 우리 모두의 아버지가 되시며 더 나아가 하늘 아래 거하는 모든 사람들의 아버지가 되신다. 예수께서는 하나님의 나라를 선포하시면서 하나님의 우리 아버지 되심을 가르치셨다. 눅17:21에서 하나님의 나라가 언제 임하냐는 바리새인들의 질문에 예수께서는 하나님의 나라는 '너희 안에' 있다고 말씀하셨다. 물론 이 말씀은 논란의 여지가 있지만 크게 두 가지 의미로 해석될 수 있다. 첫째는 하나님의 나라는 어떤 외형적인 것이나 눈에 보이는 혁명적인 결과로 오는 것이 아니라 너희 내면에서 이루어지는 것이라는 것이고 둘째는 하나님의 나라가 너희 안에, 즉 함께 삶을 나누며 살아가는 너희 공동체 안에 있다는 것이다. 하나님의 나라는 여기 있다 저기 있다 할 수 있는 것이 아니다. 하나님을 아버지로 모시는 우리가 참으로 '우리'가 될 때 그곳에 하나님의 나라가 임하는 것이다.

또한, 하나님께서는 우리의 '아버지'가 되신다. 하나님께서는 우리를 자신의 자녀라고 부르신다. 우리에게 하나님의 자녀가 되는 큰 은혜를 주셨다. 하나님께서 아버지가 되신다는 것은 크게 두 가지 의미를 가진다. 첫째는 친밀감으로서의 의미이고 다른 하나는 사명으로서의 의미이다.

하나님께서 우리의 아버지시라는 것은 첫째로, 하나님이 우리와 매우 가까이 계시다는 '친밀감'을 의미한다. 구약성경에서는 하나님을 한 개인의 아버지로 부르는 호칭은 나타나지 않는다. 하나님을 이스라엘 공동체의 근원, 생명의 원천으로서 아버지로 표현한 구절(신32:6; 말1:6)들은 몇몇이 있지만 하나님을 한 개인의 아버지로 부르지는 않았다. 요한복음은, 유대인들이 예수를 기소한 이유 중의 핵심적인 것 하나가 바로 하나님을 아버지라 하여 신성모독을 했다는 것으로 보고한다. 이처럼 하나님을 개인의 아버지로 부르는 것은 전례가 없는 매우 독특한 것으로 예수께서 우리에게 계시하신 하나님과의 새로운 관계를 의미한다. 특별히 예수님의 기도 가운데 나타나는 아버지라는 호칭은 아람어로 abba인데 이는 어린아이가 아버지를 부를 때 사용하는 용어이다. 예수께서는 하나님을 아빠라고 부르시고 제자들에게도 그렇게 가르치심으로 이전에 없던 새로운 친밀한 관계로 하나님과 우리를 묶어 주셨다.

정확히 말하면 새로운 관계라기보다는 이전에 사람들이 이해하던 하나님과의 관계에 대하여 새롭게 해석하시고 적용하신 것이라고 할 수 있다. 즉 많은 사람들이 오해하고 있었던 하나님에 대한 이해를 예수께서 새롭게 해 주신 것이다. 그렇다면 하나님과의 관계에서 우리가 누리는 친밀함이란 무엇인가? 사람들은 하나님을 어떻게 오해했었고 예수님은 그 오해를 어떻게 벗겨내셨는가?

예수님 당시 사람들이 이해하던 하나님은 강자의 하나님, 부자들의 하나님, 종교 지도자들의 하나님, 능력 있는 사람들의 하나님이었다. 그래서 그 하나님은 약자와는 거리를 두고 계셨고 병들고 힘없는 사람들과는 동떨어진 분으로 오해되어왔다. 그러나 예수께서는 하나님을 아버지로, 모든 사람들의 아버지로 가르치심으로 하나님의 가까이 계심을 보여주셨는데 특별히 힘없고 약한 자들, 죄 많고 병든 자들에게 하나님의 가까이 계심을, 친밀하게 다가오셔서 자녀 삼으심을 지속적으로 말씀하시고 보여주셨다. 여기에서 하나님과 인간의 관계 속에 새로운 지평이 열린다. 곧 친밀함이다.

하나님과의 친밀함을 말할 때 우리는 흔히 감상적인 이야기에 머물곤 한다. 일종의 감정적인 설렘이나 불확실한 대상과의 개인적 대화를 하나님과의 친밀함의 증거로 삼기도 한다. 그러나 친밀함의 본질은 그런 것에 있지 않다. 예수님께서 보여주신 하나님과의 친밀함은 단순한 감정적 몰입이 아니라 하나님과 멀리 있다고 여겨졌던 사람들에게 하나님의 가까이 계심 즉 하나님의 사랑을 보여주는 것으로 나타났다. 집 나간 방탕한 아들을 받아들이시는 아버지(눅15:11-32), 겨우 한 시간밖에 일하지 못한, 누구에게도 선택 받지 못했던 능력 없는 품꾼에게 하루의 품삯을 주어 생계를 이어가게 하시는 주인(마20:1-16), 세리와 죄인의 기도를 들으시는 하나님(눅18:9-14), 과부의 탄원을 들어주시는 재판관(눅18:1-8), 이 모두가 하나님의 아버지 되심 안에 있는 하나님의 사랑과 친밀감을 보여주는 예이다. 그들에게 하나님은 더 이상 멀리 계신 분이 아니다. 이제는 매우 가까이 계신 분이다. 사람들이 멸시하며 하나님과는 관계없는 사람일 것이라고 미리 추측하며 소외시킨 사람들이 이제는 하나님의 친밀함 안에 들어오게 되었다.

이 세상에서 하나님의 친밀감으로부터 떨어져 나갈 사람은 아무도 없다. 모든 사람들이 하나님의 친밀함 안에 있다. 하나님께서는 우리의 아버지가 되셔서 우리를 자녀 삼으시고 우리의 약함과 죄와 사회적 낙인과 고통 가운데 함께 계신다. 그렇기 때문에 우리는 어떠한 경우에도, 그 어느 누구도 하나님의 친밀함에서 떼어 놓아서는 안 된다. 우리의 마음이 그래야 한다. 우리의 생각이 그래야 하고 우리의 삶의 모습이 그래야 한다. 하나님은 우리의 아버지시기 때문이다.

하나님의 나라가 이루어지는 곳에서 하나님은 우리 모두의 아버지가 되신다. 전에 죄로 멀어졌던 사람들에게 하나님께서 친밀한 아버지가 되신다. 지금 하나님과 사람들로부터 멀어져 있는 사람들에게 하나님께서 아버지가 되신다. 예수께서는 하나님 나라의 선포 한 가운데서 하나님을 이렇게 보여주셨다. 하나님의 나라가 선포되는 곳에는 모든 죄로 멀어졌던 사람들이 하나님을 아버지로 고백하게 된다. 또한 모든 죄로 하나님과 멀리 떨어져 있다고 생각되는 사람들에게 하나님의 아버지 되심이 인정되는 곳이 바로 하나님의 나라이다.

누가 하나님과 가깝고 친밀한 사람인가? 일례로 교회에서 누가 하나님의 사랑을 많이 받는 중요한 사람인가? 목사나 장로는 중요한 사람이고 잠시 지나가다 들른 노숙인은 별로 중요하지 않은 사람인가? 안타깝지만 이것은 예수님 당시 종교지도자들의 생각이었다. 더 안타까운 것은 이것이 또한 우리의 생각이기도 하다는 것이다. 그들과 우리는 하나님을 그들의, 우리들의 하나님으로 가두었다. 하나님을 우리들과 가까이 계신 분으로 고집하며 우리들의 기득권을 지키는 일에 열중하였다. 그러나 예수 그리스도의 선포 가운데 나타난 하나님께서는 우리 모두의 아버지이시다. 특별히 병들고 가난하고 힘 없는 사람들의 아버지이시다. 하나님께서는 그들과의 친밀함을 이루고 계신다.

예수께서는 구약성서에 나타난 '고아와 과부의 아버지' 되신 하나님을 새롭게 인식시켜 주셨다. 하나님께서 자신의 친밀함으로 모든 사람들에게 다가오신다. 고아와 과부의 아버지로서 이 땅의 모든 사람들에게 친밀함으로 다가오신다. 하나님의 나라에서 모든 사람은 동일한 가치를 지닌다. 모든 사람이 동일하게 하나님의 자녀로서 동등한 의미를 가지고 있는 곳이 하나님의 나라이다. 부자나 가난한 자나 건강한 자나 병든 자나 힘 있는 사람이나 힘없는 사람이나 높은 지위에 있는 사람이나 그렇지 못한 사람이나 모두가 동등한 가치를 지니는 곳이 하나님의 나라이다. 이런 의미에서 우리는 우리의 교회를 새롭게 해야 한다. 교회가 참으로 하나님의 나라로서 세워져 가고 있는지 우리의 눈을 고쳐봐야 한다. 교회에서도 힘 있고 높은 지위에 있는 사람들이 존중 받고 있다면, 그들이 하나님과 가까운 곳에 있는 사람으로 여겨진다면 그곳은 하나님의 나라가 아니다. 돈 많고 건강한 사람들을 중심으로 교회가 운영된다면 그곳은 비록 교회일지라도 하나님을 아버지로 고백하는 곳은 아니다. 우리의 교회를 하나님의 나라로 이루어가야 한다. 이 세상을 하나님 아버지의 나라로 만들어 가야 한다. 이것이 우리가 하나님을 아버지로 부르는 첫 번째 의미이다.

하나님께서 우리의 아버지 되심의 또 다른 의미는 우리가 하나님의 자녀라는 것, 즉 하나님의 대리자로서의 '사명'에 관한 것이다.

유대인들은 개인의 신분으로 하나님을 아버지라고 부르지 못했음은 이미 언급했다. 하나님을 고아와 과부의 아버지, 즉 고아와 과부와 같이 힘없는 사람들을 돌보시는 분으로 부르거나 이스라엘의 아버지 즉, 이스라엘의 근원으로서 불렀을 뿐이다. 개인의 신분으로 하나님의 아들이라 불렸던 사람은 오직 '왕' 뿐이었다. 그렇기 때문에 하나님과의 관계를 아버지와 자녀의 관계로 부른다는 것은 그 안에 자녀된 우리가 왕의 신분과 사명을 지니고 있음을 의미하는 것이다.

사사시대 이후 이스라엘이 왕정체제로 변하면서 왕은 하나님의 대리자로서 자리를 차지하게 된다. 고대 중동의 다른 국가들에서도 발견되는 것과 마찬가지로 이스라엘 사람들에게도, 보이지 않는 하나님의 현현과 하나님의 뜻을 보여주는 통로로서 왕은 하나님의 아들로 생각 되었다. 그래서 왕을 하나님의 아들로 불렀고 그 왕은 하나님의 뜻을 대리하는 대사의 역할을 하게 된 것이다. 왕의 대관식에서 불려 졌을 것으로 생각되는 시편 2편에서 하나님께서는 왕을 '내가 낳은 아들' 이라고 부르고 계신다. 이렇듯 하나님께서는 왕을 자신의 아들로 부르시며 그 왕을 통하여 자신의 뜻을 보이셨다. 따라서 정직하고 옳은 왕은 하나님의 '뜻' 을 잘 분별하는 왕이다. 하나님의 뜻을 잘 분별하여 그 뜻대로 나라를 다스리고 법을 집행하는 왕이 하나님의 아들로서 선한 왕으로 인정되는 것이고 그렇지 못한 왕은 책망과 비난의 대상이 된다.

예수께서 이 땅에 오셔서 '하나님의 나라' 를 선포하셨다. 자신의 나라가 아닌 하나님의 나라를 선포하시므로 하나님의 뜻을 이 땅에 보여주셨다. 자신의 생각과 자신의 뜻이 아니라 하나님의 뜻과 계획을 보여주심으로 자신이 하나님의 아들, 즉 하나님의 대리자이심을 나타내셨다. 예수께서 세례를 받으시고 올라오실 때 하늘에서 음성이 있어 '이는 내 사랑하는 아들이라'고 말씀하신 것과 같이 예수께서는 이 땅에 오셔서 온전히 아버지의 뜻에 순종하심으로 하나님의 나라를 이루셨다. 그것이 예수 그리스도의 하나님 아들 되심의 진정한 의미이다. 예수께서 들려주신 악한 포도원 소작농의 비유(막12장)에서도 예수께서 스스로를 비유하여 말씀하신 아들의 사명이 잘 나타나 있다. 포도원 주인이 최종적으로 자신의 뜻을 보여주기 위하여 자신의 대리인으로 아들을 보낸다. 안타깝게도 악한 소작농들에 의하여 그 아들이 죽임을 당하지만 그 아들의 사명은 아버지의 뜻을 전달하고 선포하는 것이었다. 이것이 예수께서 하나님의 아들로 이 땅에 오신 이유이다.

하나님을 우리의 아버지로 가르치셨다. 또한 우리 모두가 하늘 아버지의 자녀임을 고백하게 하셨다. 우리는 모두 하나님의 자녀들이다. 이 말은 우리가 하나님의 뜻을 이루어가는 하나님의 대리자라는 것을 의미한다. 우리 모두는 하나님의 뜻을 이루어가는 예수의 지체들이다. 하나님의 자녀 된 우리들을 통하여 하나님의 나라는 이루어져 간다. 우리가 하나님의 자녀로서의 권리만을 주장할 때 하나님의 나라는 쇠잔해질 수밖에 없다. 우리의 삶을 하나님의 뜻을 이루어가는 모습으로 하나님께 드릴 때 하나님의 나라에 생명이 부여된다.

마태복음 5장 9절에서는 화평케 하는 자가 하나님의 아들이라 일컬음을 받을 것이라고 말씀하고 있다. 온 인류와 세계를 화평케 하시고자 하는 하나님의 뜻을 이루는 자가 곧 하나님의 자녀라는 말이다. 누가 하나님의 자녀인가? 자신이 하나님의 자녀라고 스스로 주장하는 사람이 하나님의 자녀인가? 마음으로 확신하며 그렇다고 믿기만 하면 하나님의 자녀가 되는가? 우리의 신앙이 그렇게 사변적이고 이론적인 것인가? 그런 이론만으론 우리의 삶을 해석해 낼 수 없다. 더 나아가 그런 이론만으로 우리의 삶을 개혁할 수도 없다. 그런 사변적인 논리만으론 이 세상을 하나님께서 다스리시는 나라로 변화시킬 수 없다.

누가 하나님의 자녀인가? 하나님의 뜻을 가슴에 품고 그 뜻을 위하여 겟세마네에서 기도하는 사람이 하나님의 자녀이다. 자신의 이익과 권리를 주장하기 전에 하나님의 뜻이 이곳에 이루어지기를 위하여 십자가를 지는 사람이 하나님의 자녀이다. 두려우면 두려운 대로, 지치면 지친 대로 하나님을 바라보는 사람이 하나님의 자녀이다. 자신의 나라를 구상하고 그 나라를 세우기 위하여 살아가는 사람은 하나님의 자녀가 아니다. 하나님의 나라를 구하고 하나님의 의를 구하는 사람이 하나님의 자녀이다. 하나님께서는 우리를 자녀로 부르셨다. 너희는 먼저 그 나라와 그 의를 구하라. 그리하면 이 모든 것을 너희에게 더하실 것이다. 두려워 말아라. 너희 하늘 아버지께서 이 모든 것이 너희에게 있어야 할 줄을 아시느니라(마6:33,32).

지금까지 우리는 하늘에 계신 하나님을 고백하는 것이 무엇을 의미하는지, 그리고 그 하나님의 아버지 되심이 무엇을 말하는지 살펴보았다. 이것이 주기도에서 말씀하고 있는 하나님에 대한 가르침이다. 주기도에 나타난 하나님에 대한 이해는 주기도 전체를 이해하는 열쇠와도 같다. 하늘에 계신 모든 사람들의 하나님, 개인적 차원을 넘어선 우리의 하나님, 누구도 소외시키지 않고 모든 사람들에게 친밀하게 다가오시는 아버지, 하나님의 뜻을 이루시기 위하여 우리를 자녀로 부르시는 하나님, 이 모든 것들이 또한 예수께서 선포하신 하나님 나라의 이미지들이다. 우리는 이 안에서 하나님의 나라를 발견하게 되고 그 나라를 이루어갈 것이다.

3장

그들의 거룩과 하나님의 세속

하나님의 나라는 하나님의 통치를 의미한다. 하나님의 나라는 공간적으로 정해져 있는 어떤 장소가 아니라 하나님의 통치, 즉 하나님께서 다스리시는 곳을 의미한다. 조금 다른 표현을 쓰자면 하나님의 이름이 거룩히 여겨지는 곳이 바로 하나님의 나라인 것이다. 그곳이 어떤 장소이든, 어떤 상황이든 상관없이 하나님께서 주인이 되셔서 하나님의 주권이 인정되고 하나님의 뜻이 실현되며 하나님의 생명의 역사가 나타나는 곳이라면 그곳이 하나님의 나라이다.

주기도에 나타난 전반부의 세 가지 기도— 혹은 두 가지 기도(이름이 거룩히 여김을 받으소서, 나라가 임하소서, 그리고 뜻이 하늘에서와 같이 땅에서도 이루어지소서)는 하나님의 나라를 구하는 기도의 다양한 표현이다. 많은 학자들이 말하는 것과 같이 이 "주님-청원"은 하나님의 나라를 구하는 것과·관련되어 있다. 그렇기 때문에 이 기도들은 하나님의 통치 안에서 그 의미가 결정되고 그 뜻이 명확해진다. 다시 말해 하나님의 통치 안에서 하나님의 나라가 이루어지고 그 곳에서 하나님의 거룩하신 이름이 높여지며 하나님의 뜻이 이루어지는 것이다.

'너희는 먼저 그의 나라와 그 의를 구하라' 는 말씀 또한 같은 맥락에서 이해할 수 있다. 하나님의 나라를 구하는 것이 하나님의 의, 즉 하나님의 뜻을 구하는 것과 일반이다. 예수께서 하나님의 나라를 선포하시고 하나님 나라 현존의 표적으로서 자신의 삶을 살아가셨던 것과 같이 예수님의 기도와 그분을 따르는 삶도 하나님 나라의 현현에 초점이 맞춰져 있다.

1. 하나님 나라의 역사적 배경

사실 하나님의 나라라는 말은 우리가 매우 자주 쓰고 듣는 말이다. 그러나 그 말의 정확한 의미를 알고 있는 사람은 많지 않은 것 같다. 마찬가지로 예수께서 공생애 사역을 시작하시면서 선포하신 것이 '하나님의 나라가 가까이 왔으니 회개하고 복음을 믿으라' 는 것이었지만 우리는 하나님의 나라가 가까이 왔다는 것이 무엇을 의미하는지 쉽게 알아차리지 못한다. 예수께서는 하나님의 나라가 가까이 왔다고 선포하셨고 하나님 나라에 관하여 온갖 비유를 통하여 말씀하셨지만 하나님의 나라가 무엇인지를 설명하시지는 않았다. 이것은 예수님 당시 하나님의 나라라는 용어가 사람들에게 통용되던 일반적인 용어였기 때문이다. 예수께서는 사람들에게 통용되었던 하나님의 나라라는 개념을 사용하여 복음을 선포하셨다. 그렇기 때문에 그들에게는 하나님의 나라가 무엇인지 설명하지 않아도 하나님의 나라가 가까이 왔다는 말 그 자체가 기쁜 소식, 즉 복음이 될 수 있었던 것이다.

그러나 21세기 우리의 상황은 매우 다르다. 우리는 하나님의 나라라는 말을 직감적으로 이해하지 못한다. 이것은 마치 미국사람이 '화병(火病)' 혹은 '옥황상제' 등의 말을 쉽게 이해하지 못하는 것과 마찬가지이다. 우리에게 화병이나 옥황상제 등과 같은 말들은 매우 익숙하여 특별한 설명이 없어도 그 개념을 직감적으로 이해할 수 있지만 다른 문화 속에서 살아가는 사람에게 화병이라는 말은 설명을 해 줘야만 알 수 있는 개념이다. 마찬가지로 하나님의 나라라는 용어는 말라기서 이후에 생겨나서 예수님 당시에 익숙하게 사용되던 용어이기 때문에 우리가 예수님의 선포인 하나님의 나라가 가까이 왔다는 말씀을 이해하기 위해서는 먼저 하나님의 나라가 무엇인지 알아야 하고, 또한 하나님의 나라가 무엇인지 알기 위해서는 유대인들에게 하나님의 나라라는 말이 어떻게 형성되었는지 역사적 상황을 이해해야 하는 것이다. 한국인의 정서와 역사적 상황 안에서 여성들이 처한 위치와 그들이 한국의 문화 안에서 어떤 삶을 살아가야 했는지를 이해해야 '화병'에 관한 이해를 가질 수 있는 것처럼 유대인들의 역사적 상황과 정서를 이해할 때 우리는 하나님의 나라에 대한 느낌을 가질 수 있게 되는 것이다.

출애굽 한 이스라엘 백성들이 가나안에 정착한 이후 당면하게 된 가장 큰 문제는 블레셋이라는 왕정체제를 갖춘 강대국과의 갈등이었다. 왕정체제를 갖추고 있지 않았던 이스라엘은 강력한 군사체계를 가지고 있지 못했고 블레셋과의 전쟁에서 늘 패배할 수밖에 없었다. 결국 이스라엘은 당시 사사였던 사무엘에게 왕을 세워줄 것을 요구하고 드디어 사울을 왕으로 세우고 왕정체제로 들어가게 되었다. 하나님의 직접적인 통치를 가장 이상적인 모습으로 여겼던 민족주의적 보수주의자들에게 왕의 출현은 매우 낯설고 갈등을 일으키는 요소가 되었다. 필연적으로 이스라엘 백성들 안에 하나님의 통치와 왕의 통치는 늘 갈등 관계에 있었고 그 결과 하나님 나라 즉, 하나님의 다스리심에 대한 뿌리 깊은 갈망은 자리를 잡아 갔다.

남북 왕조의 분열 이후 남유다에서 하나님의 통치는 왕정체제와 동일시 되어가는 듯 했다. 물론 북왕국에서는 하나님만을 왕으로 인정하는 사사 전통이 더욱 강력하게 남아 있었기 때문에 반란을 통하여 계속해서 왕조가 바뀌었지만 남왕국에서 왕의 통치는 곧 하나님의 통치, 즉 하나님의 나라라는 개념으로 굳어져 갔다. 사실 하나님의 나라라는 명칭은 구약성서에서 나타나지 않는다. 그러나 하나님 나라의 핵심적인 개념인 '하나님의 다스리심'은 왕을 통하여 이루어지는 것으로 인식되었고 하나님께서는 친히 세우신 다윗 왕과 그 왕조를 지키실 것이고 다윗 왕좌가 영원할 것이라는 믿음은 흔들리지 않았다. 시온사상은 이것을 매우 잘 보여준다. 하나님의 나라와 다윗 왕가를 통한 왕정정치를 완벽하게 일치시킨 것이 바로 이 시온사상이다. 시온사상은 하나님께서 영원히 다윗왕의 하나님이 되셔서 이스라엘을 지키실 것이라고 강력하게 선언한다.

그러나 바벨론에 의한 예루살렘의 함락과 함께 상황은 급변하게 되었다. 하나님의 통치와 동일시되며 영원히 계속 될 것이라고 믿었던 다윗의 왕좌는 무너졌다. 왕은 포로로 잡혀갔고 나라는 멸망했으며 성전은 완전히 파괴되었다. 하나님의 통치에 대한 심각한 위기가 찾아 온 것이다. 그러나 놀랍게도 이런 절망적인 위기 상황에서도 이스라엘은 하나님의 통치에 대한 소망을 버리지 않았고 많은 사람들이 다윗왕가를 향한 소망을 버리지 않았다. 그러나 또 다른 사람들은 다윗왕가에서 하나님의 통치를 찾는 대신에 하나님의 통치에 대한 새로운 이해를 발견하기 시작했다. 예루살렘이 멸망한 이후 지속되었던 하나님의 나라에 대한 갈망은 BC 300년경 시리아가 팔레스타인을 통치하기 시작하면서 극심한 박해 가운데 구체적으로 그 모습을 나타내게 된다.

헬라의 통치가 시작된 이후 유대민족에게 헬라화와 함께 극심한 박해가 시작되었다. 이 시기에 기록된 다니엘서는 박해의 모습을 잘 보여주는데, 헬라의 통치자들은 제우스 신상에 대한 숭배를 강요하고 탄압정책의 일환으로 성전에서 돼지로 제사를 드렸고 그 고기를 먹을 것을 강요하였다. 필연적으로 유대인으로서 믿음을 지키는 자에게 주어진 것은 죽음뿐이었다. 이런 상황 속에서 하나님의 이름은 멸시를 당했고 무능하고 어리석은 신으로 전락할 수밖에 없었다. 이 세상은 하나님이 아니라 악한 영과 이방민족의 잔인한 왕이 다스리는 것 같았고 하나님의 이름은 조롱과 멸시거리가 되었다. 극심한 박해와 오랜 이방민족의 압제, 그리고 멸시당하는 하나님의 이름 가운데서 유대인들에게 하나님 나라에 대한 갈망이 강하게 일어났다. 이런 갈망의 구체적인 움직임이 대략 세 가지 흐름으로 나타났다.

첫째는 우리가 매우 익숙하게 알고 있는 바리새운동이다. 예루살렘의 멸망 이후 멸망의 원인을 율법과 백성들의 죄악에서 찾으려는 움직임이 일어났다. 백성들이 하나님의 말씀을 잘 지키지 않았기 때문에 하나님께서 약속하신 땅에서 자신들을 쫓아내셨고 그렇기 때문에 하나님의 언약을 회복하는 길은 다시 하나님의 말씀으로 돌아가서 철저하게 율법을 준수하는 것이라는 각성이 나타난 것이다. 바리새운동은 이런 말씀전통 가운데서 생겨났다. 바리새운동은 하나님의 말씀을 떠난 자신들의 죄를 고백하고 철저하게 하나님의 말씀을 지킴으로 하나님의 통치를 이루어내고자 하는 운동이다. 즉 하나님 앞에서의 거룩함을 회복하여 동일하게 하나님의 이름을 거룩하게 드러내고자 하는 운동인데, 이들은 성전 안에서 제사장들에게 요구되던 거룩함을 일상생활로 끌어내었다. 그래서 모든 사람들이 철저하게 거룩해야 함을 강조하였고 그런 거룩함을 지켜내는 사람들은 다른 사람들에게 존경과 인정을 받았다. 그들은 이런 율법 준수를 통하여 하나님의 나라가 이루어질 것을 기대했는데, 이들이 기대했던 하나님 나라의 가장 핵심적인 특징은 점진적이고 현세적이라는 점이다. 하나님의 말씀에 순종할 때 이 땅에 조금씩 하나님의 나라가 이루어 질 것으로 믿었기 때문이다.

두 번째 움직임은 열심당이라고 불리던 운동이다. 이들은 시리아의 헬라화 정책에 강력하게 반발하여 무력으로 이스라엘의 독립을 쟁취하려던 사람들의 무리이다. 이들은 빈약한 전투력을 보강하기 위하여 주로 게릴라전을 펼쳤고 산 속에 거하며 헬라주의자들을 암살하고 군량미를 위하여 약탈을 일삼았다. 성경에서 이들은 '가나안 사람(셀롯인)^(마10:4; 눅6:15)' 혹은 '강도^(막15:27)'로 불린다. 예수의 제자 가운데 가나안 사람 시몬은 열심당원 시몬을 의미하는 것이다. 또한 예수의 십자가 좌우에 매달린 강도들도 정치적 반역을 일으켰다가 체포된 열심당이었을 것으로 추측된다.

어찌됐든 이들은 정치적 독립을 통해 하나님의 나라를 이루려 하였다. 하나님의 통치를 정치적 독립과 동일시 한 것이다. 이스라엘 나라와 하나님의 나라를 동일시한 이들은 예수님 당시에도 여전히 나라의 주권을 회복하여 하나님의 통치를 이루어내기 위하여 노력하였다. 사도행전 1장은 예수께서 해 받으신 후에 다시 나타나셔서 '하나님의 나라'를 선포하셨다고 말씀하고 있다. 그러나 이어 제자들은 예수님의 승천에 앞서 '이스라엘 나라'를 회복하심이 이 때냐고 묻고 있는 모습을 보여준다^(행1:6). 예수님의 제자 중 일부는 열심당원

출신이었고 상당부분 제자들은 열심당의 영향 아래 있었던 것 같다. 그들에게 하나님의 나라와 이스라엘을 동일시하는 것은 매우 자연스러운 것이었다. 예수님의 하나님 나라 선포와 그 나라의 도래가 제자들에게는 이스라엘 나라의 회복으로 받아들여진 것이다. 이들이 이해한 하나님의 나라는 급진적으로 임한다. 무력에 의해 이스라엘의 독립이 쟁취될 때 그 때가 바로 하나님의 나라가 이루어지는 때이다. 하나님 나라에 대한 갈망이 그들에게는 이런 모습으로 나타난 것이다.

세 번째 하나님 나라에 대한 갈망은 묵시라는 모습으로 나타났다. 사실 묵시에 관한 것은 그 내용이 깊고 넓기 때문에 다루어야 할 부분이 너무 많다. 그러나 하나님 나라에 대한 갈망에 초점을 맞춰 간략하게 언급하고자 한다. 묵시사상은 BC300년경부터 일어난 광범위한 패러다임이다. 예언자들의 예언이 힘을 잃고 강력한 헬라화의 영향 아래 이 세상에서 하나님의 나라가 회복될 것이라는 기대가 좌절되면서 다시 올 새로운 세상을 기대하는 움직임이 나타났다. 이 세상은 악한 영이 다스리는 곳이기 때문에 더 이상 소망이 없고 하나님의 때가 이르면 하나님의 나라가 새로운 세상으로 임할 것이다.

사실 이 묵시사상은 우리에게 꽤나 익숙한 것이다. 신약성경이 이 묵시사상의 영향을 많이 받았기 때문이다. 묵시사상은 점진적인 하나님의 나라를 거부한다. 이 세상에서의 변화는 악한 세상의 또 다른 연속일 뿐이다. 유일한 소망은 하나님께서 이루실 새로운 세상을 기다리는 것뿐이다. 사실 하나님의 나라라는 용어가 이 묵시문학에서 처음으로 사용되었다. 물론 이전에도 하나님의 나라라는 개념은

있었지만 하나님의 나라보다는 '하나님이 왕이시다', '하나님의 다
스리심'이라는 표현이 사용되다가 묵시문학에 이르러 하나님의 나
라라는 용어가 사용되기 시작했다. 이 묵시운동은 바리새운동과는
대조적인 모습을 보인다. 바리새운동이 하나님의 말씀을 지키며 하
나님의 나라가 '이 세상'에 임하기를 바라는 반면 묵시운동은 '저 세
상'에서 이루어질 하나님의 나라를 기대한다. 이 세상에는 더 이상
희망이 없기 때문이다.

그러나 묵시운동이 현실을 부정하는 것은 아니다. 저 세상에
대한 강한 갈망으로 지금 겪고 있는 환란과 어려움을 이겨내는 힘을
얻는 것이다. 하나님께서 이루실 새로운 세상에 대한 소망으로 지금
이곳에서 살아갈 능력을 얻는 것이다. 이들에게 하나님의 나라는 임
하는 것이다. 우리가 하나님의 나라를 향해 나아간다는 것은 이들에
게는 이 세상에서의 '변화'를 의미할 뿐이다. 묵시사상은 우리가 아
니라 '하나님께서' 종말과 함께 우리에게 오시는 것이다. 그래서 묵
시사상은 하나님의 나라가 임할 때 전혀 새로운 나라가 이루어질 것
을 소망한다.

하나님의 나라는 이스라엘 백성들에게 끊임없이 요구되었다.
시대와 상황에 따라 그 모습을 달리하고 있지만 하나님의 통치에 대
한 갈망은 한시도 이스라엘 백성들을 떠나 본 적이 없었다. 예수께서
하나님의 나라를 선포하며 복음을 증거 하실 때에도 이스라엘 백성
들은 하나님의 나라를 소망하고 있었다. 고통의 한 복판에서 각기 다
른 방식과 내용으로 하나님의 나라를 구하는 그들에게 예수께서는
하나님의 나라가 임했음을 선포하셨고 그들에게 진정한 하나님의 나

라를 보여주셨다. 그것은 혁명을 통한 사회 체제의 전복도 아니었고 율법에 대한 순종을 통하여 이루어지는 점진적 개선도 아니었다. 또한 그것은 이 세상을 거부하고 오직 저 세상만을 바라보는 묵시적 비전만도 아니었다.

예수께서는 하나님의 초월성을 강조하면서도 이 땅에 임하고 있는 하나님의 나라를 보여주셨고 이 땅에서 이루어지는 하나님의 나라를 말씀하시면서 하나님 나라의 초월적 임재를 보여주셨다. 예수 그리스도의 삶을 통하여 계시된 하나님의 나라와 그분의 가르침을 통하여 우리가 배우게 되는 하나님의 나라는 우리에게 새로운 세상을 향한 비전을 보여준다. 또한 예수 그리스도의 삶과 가르침은 우리의 삶 안에서 하나님의 임재를 경험하게 하고 우리의 삶을 개혁한다.

하나님의 다스리심을 간구하는 이스라엘 백성들의 삶의 정황은 그들이 당하고 있는 고난뿐만 아니라 하나님께서 멸시당하고 하나님의 이름이 망령되이 일컬어지는 상황이었다. 오랜 포로생활과 식민지 경험, 그리고 극한 박해 속에서 마치 죽어계신 듯 한 하나님을 향하여 그분의 새로운 통치를 기대한다는 것은 그 이면에 멸시당하는 하나님의 이름이 거룩히 여겨지는 것에 대한 소망이기도 했다. 하나님의 이름이 거룩히 여겨지기를 간구하는 기도가 곧 하나님의 나라를 구하는 것과 같은 맥락에서 이해되는 이유가 여기에 있다. 하나님의 나라가 임하는 곳에 하나님의 이름이 거룩히 여겨지기 때문이다.

2. 거룩과 세속

주기도에 나타난 하나님 나라에 대한 간구의 첫 번째 모습은 하나님의 이름이 거룩히 여김을 받으실 것에 대한 것이다. 앞에서 말한 것과 같이 이스라엘의 고난과 함께 하나님의 이름이 멸시를 당할 때 하나님의 나라는 하나님의 이름과 함께 이루어졌다. 그러나 사실 이 간구는 우리에게 막연한 느낌 이상의 것을 전달해 주지 못하는 것 같다. 우리에게 일반적으로 거룩이라는 개념은 불확실하고 부정확하며 거룩히 여김을 받는 다는 것도 막연하게 생각되기 때문이다.

이 본문은 번역상에 상당한 어려움을 가지고 있다. 거룩히 여김을 받으시라는 헬라어 원문은 '거룩하게 하다' 의 수동 명령형으로 되어 있다. 즉 '거룩하게 되다' 의 명령형으로 우리나라 말에서는 이런 표현을 잘 사용하지 않는다. 그래서 개역성경은 '거룩히 여김을 받으소서' 라는 문장으로 번역하였고 개정된 주기도문에서는 신학적 의미를 추가하고 하나님의 주권적 행위를 강조하여 '이름을 거룩하게 하시며' 라는 능동형으로 번역하였다. 잘 된 번역이긴 하지만 개정된 주기도문에서 아쉬운 것은 이 기도가 가지고 있는 수동형으로서의 느낌을 살리지 못했다는 것이다. '나라가 임하소서' 라는 능동형 간구와는 다르게 이 간구는 수동형 간구로 되어 있어서 기도하는 주체의 역할을 강조하고 있다. 물론 이 모든 것의 주권이 하나님께 달려 있기 때문에 개정 주기도문에서 능동의 의미로 표현된 것이 잘못된 번역은 아니지만 헬라 원문의 느낌을 살릴 수 없는 것이 조금 아쉬움으로 남는다. 원문의 느낌을 살려 번역한다면 '당신의 이름이 거룩하게 되어 지소서' 정도가 가장 적합할 것 같다.

그러나 우리가 그 의미로 들어가 정확히 말하면 하나님께서 거룩히 여김을 받는다는 것은 어패가 있는 말이다. 왜냐하면 하나님께서는 우리의 기도와 상관없이 본질적으로 거룩한 분이시기 때문이다. 거룩이라는 말의 어원적 의미는 '구별한다'는 것인데 우리가 흔히 사용하는 말로 바꾸면 '다르다' 정도로 할 수 있고 이것이 거룩함의 쉬운 이해일 것이다. 하나님께서 거룩하시다는 것은 하나님은 우리와 다르시다는 것, 즉 하나님은 구별되어 계신 분이라는 의미이다. 하나님은 본질적으로 거룩하신 분, 즉 우리와 다른 분이시다. 성경은 하나님을 거룩하신 분이라고 말 하고 있다. 그러나 우리가 한 가지 더 기억해야 할 것은 성경에서 하나님 자신을 거룩하다고 표현하는 곳은 매우 적다는 사실이다. 대부분 거룩하다는 말은 하나님과 관련되어 있는 것들에 붙여지는 표현으로서·하나님의 성전이 거룩하고 하나님의 천사들이 거룩하고 하나님의 사람들이 거룩하다고 나타난다. 여기에는 분명한 이유가 있는데 하나님은 '본질적'으로 우리와 다른 분이기 때문이다. 여기에서 하나님께서 거룩히 여김을 받으시라는 기도의 표현상의 어패가 나타난다. 즉 하나님은 '본질적'으로 거룩하신 분이기 때문에 우리의 기원이나 말로 인하여 거룩해 지시는 분이 아닌 것이다. 우리의 기도가 하나님을 거룩하게 해 드리는 것이 아니다. 이것이 하나님의 이름이 거룩히 여김을 받으소서라는 기도가 수동형으로 표현된 이유이기도 하다.

하나님의 거룩하심은 하나님 자신의 현현에 의해서라기보다는 하나님과 관계 된 것들의 거룩함을 통하여 나타났다. 하나님께서 특별하게 구별하여 세우신 제사장의 거룩함을 통하여 하나님의 거룩함이 드러났고 하나님께서 구별하여 세우신 성막을 통하여 하나님께서 거룩히 여김을 받으셨다. 하나님께서 특별히 구별하신 이스라엘을 통하여 하나님의 거룩하심이 표현되었던 것처럼 하나님의 거룩하심에 대한 기도는 그 기도를 드리는 사람에게 거룩한 삶으로의 강력한 부르심을 담고 있는 것이다. 하나님의 거룩하심에 대한 간구는 주문처럼 외우기만 하면 이루어지는 것이 아니라 그 기도 아래 살아가는 사람의 거룩한 삶을 통하여 이루어진다.

예수께서는 이 땅에 오셔서 하나님의 나라를 선포하시며 하나님의 이름을 거룩하게 하시는 삶을 살아가셨다. 예수님의 기도는 자신의 삶을 통하여 드리는 것이었고 자신을 하나님 앞에 거룩하게 드리심으로 말미암아 자신을 통하여 하나님의 거룩하심을 나타낸 것이다. 그렇기 때문에 하나님의 거룩하심을 구하는 우리에게 요청되는 것은 앵무새처럼 이 기도문을 외우는 것이 아니라 예수께서 보여주신 거룩한 삶이 무엇인지를 배우고 그 삶을 따라가는 것이다.

바리새인들은 거룩함을 철저하게 세속으로부터 자신들을 분리하는 것이라고 생각했다. "정결은 분리에 이르고, 분리는 거룩에 이른다"는 미쉬나의 명제는 바리새인들의 거룩에 대한 생각을 잘 보여주는 예이다. 그들은 철저하게 부정한 것, 그리고 부정한 사람들로부터 자신들을 분리시켜 정결을 유지할 때 거룩에 이른다고 생각했다. 그래서 그들은 자신들이 살아가는 "삶의 영역"을 부정한 사람들로부터 분리시켰고 그 분리는 그들에게 '거룩'이라는 명예를 가져다주었다.

그러나 예수께서 우리에게 보여주신 거룩한 삶의 모습은 바리새인들의 것과는 매우 달랐다. 물론 거룩함은 분리를 전제로 한다.

그러나 바리새인들의 분리가 '삶의 영역'에서의 분리였다면 예수님의 분리는 '삶의 태도'에서의 분리였다. 바리새인들은 부정하다고 여겨지는 모든 사람들의 삶의 영역에서 자신들을 분리시켰다. 그러나 예수께서는 부정하다고 여겨지는 사람들의 삶의 현장에서 사셨다. 바리새인들은 자신들이 세리와 죄인들과 같지 않음을 감사했지만(눅18:11) 예수께서는 세리와 죄인들의 친구가 되셨다(마11:19). 바리새인들이 생각했던 거룩함이 고여 있는 웅덩이와 같다면 예수 그리스도의 거룩함은 흘러가는 생명 강물이었다.

바리새인들이 부정함으로부터 자신들을 지키기 위해 자신들의 삶의 영역을 스스로 분리시킨 것에 반해 예수께서는 그 부정한 사람들에게로 나아가셨다. 그리고 그들의 삶과 영혼을 바라보는 새로운 태도를 통하여 참 거룩함을 보여주셨다. 자신의 정결을 지키기 위해 시체를 만지지 않던 관습을 깨트리고 예수께서는 지나가는 상여 행렬을 세우시고 관에 손을 얹으셨다. 이 사건을 통하여 우리는 예수의 거룩한 삶의 본질을 보게 되는데 시체의 부정함이 예수를 부정하게 만든 것이 아니라 예수의 거룩함이 그 죽어 있는 사람에게로 흘러간 것이다. 고통의 한 복판에 있는 과부 어머니의 아픔을 부정하다는 이유로 자신의 삶의 영역에서 분리시켜 버리지 않고 그 삶의 현장으로 들어갈 때 예수 그리스도의 거룩하심이 흘러 들어간 것이다. 이것이 곧 세상과는 다른 거룩한 삶의 태도이다.

12년 동안 혈루증으로 고생하며 부정한 여인으로 살아가야 했던 한 여인이 예수의 옷을 만졌을 때 그 부정함이 예수를 더럽힌 것이 아니라 그 여인을 향한 예수의 사랑이 그 여인을 치유하는 것을 보게 된다. 이것이 예수께서 우리에게 보여주신 거룩함이다. 분명 예수께서는 우리와는 다른 삶을 사셨다. 그러나 그 다름은 삶의 태도와 하나님에 대한 관계의 다름이지 삶의 영역을 분리해 놓고 '거룩'이라는 명목으로 소위 '부정한' 사람들과 단절된 삶을 살아가는 것을 의미하는 것은 아니었다. 소위 '경건한' 그리스도인들 중 어떤 사람들은 자신의 고립된 삶을 거룩함이라고 착각하며 살아간다. 물론 때로는 거룩함을 위하여 고립의 시간을 갖는 것이 필요할 때가 있다. 그러나 고립 자체가 거룩함은 아니다. 그리고 고립 자체가 거룩함을 이루어내는 것도 아니다. 예수께서는 자신의 삶을 고립시키지 않으셨다. 오히려 그의 삶을 개방시키고 고통 받는 사람들의 삶의 자리로 나아가서 그들과 연합하셨다. 그 때 예수님의 거룩함이 나타났다.

예수님에게 나타난 거룩한 삶의 근원은 부정한 사람들과의 분리가 아니라 그들을 궁휼히 여기는 마음 즉 자신의 삶과 이웃을 바라보는 삶의 태도에서 세속과 분리되는 것이었다. 예수께서는 그들을 향한 하나님의 마음을 소유하는 것, 즉 하나님의 아들이 됨으로서의 거룩함을 보이셨고 하나님의 이름을 거룩하게 하셨다. 그리고 우리가 예수 그리스도의 삶과 선포를 통해 볼 수 있듯이 하나님의 이름이 거룩히 여겨지는 곳이 곧 하나님의 통치가 이루어지는 하나님의 나라이다.

하나님의 나라는 하나님과 그 백성의 거룩함이라는 가치 위에 세워진다. 거룩한 영(聖靈)의 능력으로 더러움에서 거룩함으로 변화되는 곳이 하나님의 나라이고 그 나라의 임재이다. 하나님의 나라는 거룩함, 즉 세속적 가치와는 질적으로 다른 새로운 가치 위에 세워진다. 거룩함의 가치는 낮아짐, 겸손함, 순결함과 같은 것들이고 이것은 스스로를 높이며 자만했던 바리새인들의 가치가 아니라 스스로를 낮추시어 낮고 낮은 자리에 있는 죄인들에게까지 낮아지시고 그들과 함께하신 예수님의 가치이다. 예수께서는 거룩한 영의 능력으로 사셨고 그 능력을 자신의 특권으로 인식하지 않으시고 낮아지심으로 그 능력을 나누셨다. 그리고 그곳에 하나님의 나라가 임하였다.

하나님께서 우리에게 원하시는 거룩함은 무엇인가? 어떻게 하나님께서는 우리의 기도를 통하여 거룩히 여김을 받으시는가? 우리에게 있어야 할 거룩한 삶의 원천은 무엇인가? 교회는 어떤 모습으로 하나님의 이름을 거룩하게 할 수 있는가? 이 모든 질문들은 우리가 다시 한 번 심사숙고 하며 정직하게 대답해야 하는 것들이다. 우리 자신에 대한 비겁한 변명이나 자기 합리화는 거룩함을 이루어내지 못한다. 그것들은 오히려 우리 자신을 더욱 썩게 만들 뿐이다.

거룩함은 관계 안에서 이루어진다. 나 혼자 무엇을 해서 이루어지는 것이 아니라는 말이다. 거룩함은 하나님과의 관계이고 이웃과의 관계이다. 하나님과의 연합이 거룩함이고 이웃과의 연합이 거룩함이다. 특별히 예수께서 그러셨던 것처럼 고통의 현장에서 허덕이는 사람들과의 연합이 이루어질 때, 그리고 그 안에서 하나님과 사람을 바라보는 삶의 태도가 세상과 분리될 때 거룩한 영의 능력이 나타나는 것이다. 세상은 능력 있는 사람들에게 주목한다. 세상은 힘 있고 유능한 사람들에게 집중한다. 세상은 건강하고 매력 있는 사람들에게 집중하고 예쁘고 관능적인 사람들에게 집중한다. 그러나 거룩한 영으로 삶의 태도와 세상을 바라보는 시각이 구별되어진 사람들은 병들고 힘없는 사람들을 보게 된다. 능력 없고 의지할 곳 없는 사람들, 연약하고 주목 받지 못하는 사람들, 자본주의의 경쟁에서 밀려난 가난한 사람들, 죄인이라고 지탄받는 사회적 죄인들을 하나님의 거룩한 형상이라고, 존귀한 자들이라고 볼 수 있는 구별된 삶의 태도를 지닌 사람이 바로 거룩한 삶을 살아가는 사람이다.

거룩한 영, 즉 성령께서는 우리를 이러한 삶으로 부르신다. 예수께서 공생애를 시작하시며 하나님의 나라를 선포하셨는데 누가복음은 성령에 의한 예수의 사역을 이렇게 묘사하고 있다.

"주의 성령이 내게 임하셨으니 이는 가난한 자에게 복음을 전하게 하시려고 내게 기름을 부으시고 나를 보내사 포로 된 자에게 자유를, 눈 먼 자에게 다시 보게 함을 전파하며 눌린 자를 자유케 하고 주의 은혜의 해를 전파하게 하려 하심이라(눅4:18-19)"

거룩한 영은 우리를 가난한 자들에게로 보내신다. 거룩한 영은 우리를 포로 되어 자유를 박탈당한 사람들, 눈멀어 보지 못하고 고통받는 사람들, 억눌려 신음하는 사람들에게로 보내신다. 그것이 거룩한 삶이고 하나님께서 거룩히 여김을 받으시는 기도이기 때문이다.

예수께서 공생애를 시작하시며 세례를 받으실 때 거룩한 영의 임재가 있었던 것과 그 성령의 능력으로 '하나님의 나라'를 선포하신 것(막1:9-15)은 우연이 아니다. 예수 그리스도의 삶은 성령에 붙잡힌 삶이었고 그러한 삶을 통하여 하나님의 이름이 거룩히 여김을 받으셨다. 하나님의 거룩하신 이름이 선포되고 거룩한 영의 능력이 나타나는 곳이 하나님의 나라였고 그 현장에 하나님 나라의 임재가 있었다.

하나님께서는 지금도 우리를 하나님의 나라로 부르신다. 우리의 삶에 하나님의 나라가 임하기를 원하시고 그곳에서 하나님의 이름이 거룩히 여김을 받기 원하신다. 그곳이 바로 하나님의 이름이 거룩히 여김을 받으소서 라는 기도가 이루어지는 곳이다. 이것은 우리가 왜 하나님의 '이름'이 거룩히 여김을 받도록 기도하는지를 이해할 때 더욱 분명히 알 수 있게 된다.

3. 하나님 이름의 담지자

주기도는 왜 하나님 자신이 아니라 하나님의 이름이 거룩히 여김을 받으실 것을 가르치고 있을까? 이유는 단순하다. 하나님께서 자신을 계시하실 때 자신을 그 이름으로 나타내시기 때문이다. 다시 말해서 하나님의 이름이 곧 하나님과 동급으로 취급되는 것이다. 그래서 하나님의 이름이 중요하게 여겨지는 것이다. 하나님의 이름을 찬양하는 것이 하나님에 대한 찬양을 표현하는 것이고 하나님의 이름을 거룩하게 하는 것이 하나님을 거룩히 높여드리는 것과 같은 것이다.

그러나 우리는 또한 하나님의 이름 안에 담겨 있는 또 하나의 의미를 생각해야 한다. 하나님은 보이지 않기 때문에 자신을 계시하실 때 자신의 이름으로 자신을 나타내셨다. 그런데 이 과정에서 하나님께서는 자신의 이름을 담지하고 있는 담지자를 사용하신다. 하나님의 이름만 덩그러니 내어 놓을 수는 없는 법이기 때문에 하나님께서는 자신의 나타나심에서 그 이름과 함께 그 이름의 담지자를 보내셨다.

　　성경에서 그 담지자는 다양하게 나타나는데 가장 먼저 나타나는 것이 천사이다. 하나님의 사자라고도 불리는 천사를 통해서 하나님은 자신의 존재를 나타내셨다. 이 천사는 하나님의 이름으로 와서 자기 자신을 '야훼'로 소개하고 말씀을 전한다. 구약성경에서 야훼와 야훼의 사자의 용어 구분이 명확하지 않고 혼용되어 쓰이는 이유가 여기에 있다. 야훼의 사자는 야훼와 그 권위와 능력에 있어 동일시된다. 야훼의 사자가 야훼의 이름으로 계시되었고 야훼의 전권을 가지고 나타났기 때문이다.

　　다음으로 나타나는 야훼 이름의 담지자는 왕과 선지자들이다. 1장에서도 언급했던 것처럼 명시적이지는 않지만 왕은 야훼 이름의 담지자로 여겨졌다. 야훼의 현현, 즉 왕이 하나님의 대리자로서 야훼의 뜻을 보여주었다. 물론 왕이 야훼의 이름으로 불리지는 않았지만 왕은 신의 계시로 여겨졌고 왕을 통하여 하나님의 이름이 높여진 것이 사실이다. 야훼의 이름으로 활동했던 또 다른 부류의 사람들이 선지자들이다. 그들은 자신들의 선포 안에 야훼의 이름을 두었다. 그래서 마치 자신들이 선포하는 것이 하나님께서 직접 말씀하시는 것처럼 표현한 구절들을 우리는 예언서에서 많이 찾아볼 수 있다. 야훼께서 선지자들과 함께 하셨고 그들 안에서 일하셨는데 그 수단 역시 하나님의 이름이었다. 이 말은 곧 선지자들의 선포가 하나님의 선포라는 것을 의미한다. 하나님께서는 이렇게 자신과 자신의 뜻을 계시하기 위하여 자신의 이름을 드러내시고 그 이름의 담지자를 사용하신다.

결정적으로 하나님께서 자신을 계시하기 위한 담지자로서 자신의 이름으로 보내신 분이 계신데, 그 분이 바로 예수 그리스도시다. 예수께서는 하나님 아버지께서 당신의 이름으로 자신을 이 땅에 보내셨다고 말씀하셨다(요17:11 … 아버지여 내게 주신 아버지의 이름으로 저희를 보전하사 …). 예수께서 하나님의 직접적인 계시로서 하나님의 이름을 가지고 오셨다. 이 말은 아버지 하나님의 이름이 아들의 이름과 똑 같이 예수라는 것을 의미하는 것이 아니라 예수께서 하나님의 대리자로, 하나님의 일을 이루기 위하여 오신 분이라는 의미이다. 예수께서 하나님의 이름으로 오셔서 하나님의 뜻을 이루어가시고 결국은 아버지의 이름을 거룩하게 하신 것이다. 하나님의 이름이 있는 곳에 하나님의 거룩하심이 나타난다. 하나님의 이름을 가지고 있는 그 이름의 담지자를 통해 하나님께서는 자신의 뜻을 보이시고 자신을 드러내시고 자신의 거룩함을 보이시며 하나님의 나라를 만들어 가신다.

그러나 더욱 중요한 것은 지금 우리가 살아가는 이 시대에 하나님께서는 자신을 어떻게 계시하시며 하나님의 이름을 어디에 두셨는가 하는 것이다. 예수께서는 제자들에게 성령께서 오실 것이라고 말씀하시면서 그 성령께서 자기의 이름으로 오실 것이라고 말씀하셨다(요14:26). 물론 이 말씀은 요한복음의 독특한 신학적 해석 안에서 다루어져야 하겠지만 큰 틀에서 보면 아버지의 이름으로 오셨던 예수께서 아버지의 뜻을 따라 아버지의 일을 이루셨던 것과 같이, 예수님의 이름으로 다시 오시는 성령은 예수님의 또 다른 오심으로서 하나님의 뜻과 하나님의 일을 드러내고 계신다. 즉 결론적으로 말하자면 우리가 살아가는 이 시대에 하나님께서는 성령을 통하여 일하시는데, 성령께서 하나님의 이름으로 오셔서 하나님의 일과 뜻을 진행하시는 것이다.

예수 그리스도와 성령이 하나님의 이름의 담지자요 하나님 계시의 현현이라는 것은 삼위일체와는 다른 개념이다. 물론 예수 그리스도께서 곧 하나님이시고 성령께서 곧 하나님이시지만 여기에서 말하고자 하는 것은 그 본질상의 의미를 말하고자 하는 것이 아니라 하나님의 역사와 사역의 현장으로서 말하고자 하는 것이다. 삼위일체에 관련된 것은 여기에서 언급할 주제를 넘어서기 때문에 자세히 언급하지는 않겠다.

어쨌든 예수 그리스도 이후 현재까지 하나님의 이름은 성령을 통하여 우리에게 계시되고 세상에 드러나게 된다. 거룩한 영을 통하여 하나님께서는 자신의 뜻과 일을 진행하시며 자신의 이름을 나타내고 계신다. 그러나 우리가 특별하게 기억해야 할 중요한 사실은 하나님의 이름을 담지하고 계신 성령께서 지금 우리 그리스도인들 가운데 역사하신다는 것이다. 성령께서 하나님의 이름을 가지고 우리 안에 계신다. 이 말은 우리 그리스도인들이 곧 하나님의 이름을 가지고 있는 그 이름의 담지자라는 것을 의미하는 것이다. 즉, 보이지 않으시는 하나님께서 오늘날 자신을 세상가운데 보이시는 방법이 곧 하나님의 이름을 가지고 그 이름을 드러내는 그리스도인들을 통해서라는 것이다.

하나님께서는 그 거룩하신 이름을 성령을 통하여 그리스도인들에게 주셨다. 그리스도인들을 통해서 하나님은 세상에 나타나고 계시된다. 우리가 하나님의 이름이 거룩히 여김을 받으시도록 구하는 기도는 이 자리에서 그 의미를 지니게 된다. 앞에서도 언급했듯이 우리의 주문과 같은 암송을 통해서 하나님의 이름이 거룩해 지는 것이 아니라 그 이름을 주신 하나님의 뜻이 그 이름의 담지자 안에서 이루어질 때 그 이름이 거룩해 지는 것이다. 하나님의 방법과 하나님의 뜻이 이 세상에서 구별되는 방법은 그 이름을 가지고 있는 사람들의 삶이 세상의 방법과 구별될 때 가능한 것이다. 그래서 이 기도는 우리의 삶에 강력한 도전을 던지고 있다.

하나님께서는 자신의 이름이 거룩해 지기를 원하신다. 하나님께서는 자신의 거룩한 이름을 주신 자신의 백성들이 거룩한 삶을 살아가기를 원하신다. 그래서 세상에서 하나님의 이름이 거룩히 여김을 받고 하나님의 '다름'이 인정되고 하나님의 방법과 뜻이 이루어지기를 바라신다. 하나님의 방법은 세상의 방법과 구별되어야 한다. 하나님의 뜻은 세상의 뜻과 구별되어야 한다. 세상나라 위에 하나님의 나라가 임해야 한다. 그래서 하나님의 방법과 뜻으로 다스려져야 한다. 그것이 하나님의 구별되심, 즉 하나님의 거룩하심이다. 거룩한 영은 이 땅의 그리스도인들을 통하여 세상의 권세를 무너뜨린다. 세상의 물질주의와 성공주의를 깨뜨린다. 세상의 이기적 관심과 자기중심적 세계를 넘어뜨리고 그 안에 하나님의 나라를 세우신다. 이것이 하나님의 거룩하심이다.

하나님은 세상과 다르시다. 그렇기 때문에 하나님의 이름의 담지자 된 교회도 세상과 달라야 한다. 그래야 거룩한 것이다. 이 말은 앞에서도 언급한 바와 같이 세상과 삶의 영역을 구별하라는 말이 아니다. 교회는 세상과 삶의 영역에서 구별되어질 수 없다. 그래서도 안 된다. 세상과 삶의 영역에서 구별되어지려면 지구를 떠나야만 한다(고전5:10). 그러나 교회는 세상의 방법을 거부하고 하나님의 방법으로 살아야 한다. 세상이 높은 지위를 추구하는 방법에 혈안이 되어 있다고 해서 교회가 높은 지위를 얻을 수 있는 '하나님의 방법'을 말해는 안 된다. 세상이 물질을 추구한다고 해서 교회가 부자가 되는 '하나님의 능력'을 말해서는 안 된다. 세상이 성공에 목마르다고 해서 교회가 성공을 위한 '하나님의 지침'을 제공해 주는 곳이어서는 안 된다. 교회는 세상보다 우월한 곳이 아니라 세상과는 다른 곳이어야 한다. 세상보다 더 능력 있고 세상보다 더 뛰어나고 세상보다 더 재능 있는 사람을 양성하는 곳이 교회가 아니라 세상과는 다른 사람을 세워가는 곳이 교회이다. 무한경쟁에서 살아남는 방법이나 그곳에서 더 높은 지위와 능력을 획득하도록 기도하는 곳이 교회가 아니라 세상에서 함께 어울리며 서로 사랑하며 살도록 이끌어 주는 곳이 교회이다.

여전히 우리 주변에는 세상적 가치관으로 하나님을 등에 업고 성공하는 것이 능력 있는 신앙인 것처럼 가르치는 교회들이 많이 있다. 하나님의 뜻은 우리가 이 세상의 경쟁에서 살아남는 것이 아니다. 경쟁은 어차피 패배자를 낳기 때문이다. 우리가 승리하면 누군가는 패배자가 되어야 한다. 그곳에 하나님의 거룩하심은 숨 쉴 수 없다. 교회가 세상적 가치관과 방법들로 난무하게 될 때 교회는 하나님의 나라로서 존재할 수 없게 된다. 하나님의 방법으로 다스려져야 할 교회가 세상의 방법이 지배하는 곳으로 전락해 버리고 세상의 가치관에 따라 세상의 방법을 추구하고, 자신의 이기적 욕망에 하나님의 도움을 구하고, 하나님을 등에 업으려 할 때 교회는 더 이상 하나님의 거룩하심을 볼 수 없게 된다. 그 곳에 거룩한 영의 역사는 있을 수 없다.

1장에서 우리는 '하늘에 계신 하나님'이 하나님의 보편성을 상징하는 것임을 살펴보았다. 앞에서 언급하지 않았던 것 중 하나님께서 하늘에 계시다는 말의 또 다른 뜻은 하나님의 질적 차별성이다. 하나님께서는 하늘에 계시고 사람은 땅에 있다. 이 말은 하나님께서 인간보다 조금 더 능력 있는 분, 즉 인간이 10의 능력을 가지고 있다면 하나님은 1,000 혹은 10,000의 능력을 가지고 있다는 의미가 아니라 하나님께서는 인간과는 질적으로 다르다는 것을 의미한다. 그래서 성경은 하나님의 방법은 인간의 방법과 다르다고 말씀하고 있다(사55:8). 하나님께서 세상과는 다른 거룩한 분이신 것과 같이 우리 그리스도인들은 세상과 달라야 한다. 교회는 세상과 달라야 한다. 하나님께서 세상보다 우월하고 능력이 조금 더 있는 물량적 차이가 아니라 질적으로 다른 분이신 것처럼 우리 그리스도인들은 세상보다 조금 더 잘 살고, 조금 더 복 많이 받은 사람들이 아니라 세상의 방법과 달라야 한다. 그것이 하나님께서, 하나님의 이름이 거룩히 여김을 받으시는 것이다.

4장

부흥과 경신

나라가 임하옵시며 라는 기도는 세 가지의 하나님 나라에 대한
기도 중 유일하게 능동형으로 되어 있다. 하나님의 이름이 거룩하게
되어지소서, 뜻이 하늘에서와 같이 땅에서도 이루어지게 하소서와
같은 수동형 간구와는 다르게 이 기도는 능동형으로서 다른 기도가
인간의 구체적 참여를 말하는 반면 이 기도는 전적인 하나님의 역사
를 그 전제로 한다. 하나님의 나라는 하나님의 전적인 주권으로 우리
가운데 임하시는 것이다. 여기에 진정한 갱신의 역사가 있다.

1. 하나님의 나라와 세상나라

하나님의 나라는 세상 나라와 대립한다. 이 말은 하나님의 나
라가 세상 나라를 배척한다는 의미가 아니다. 단지 세상 나라가 하나
님의 나라를 수용하지 못한다는 것을 말하는 것이다. 세상 나라는 하
나님의 나라를 거부할 뿐만 아니라 하나님의 나라와 그 가치를 비웃
고 멸시한다. 예수 그리스도께서 십자가에 달려 돌아가신 것이 어리
석고 미련한 것으로 여겨지는 것(고전1:23)은 세상나라가 하나님의 나
라를 알 수 없기 때문이다. 하나님의 나라는 세상나라를 향하여 나아
간다. 그러나 세상의 나라는 하나님의 나라를 받아들이지 못한다. 그
런 의미에서 하나님의 나라와 세상나라는 대립하고 있다.

개념적으로 볼 때 세상나라를 다스리는 것은 마귀이다. 이 세
상은 마귀에게 속해 있고(요12:31) 그 안에 고통과 아픔이 있다. 물론
이 말은 이 세상이 온통 마귀에게 속해 있어서 악하고 더럽고 추하다
는 의미는 아니다. 이 세상이 마귀에게 속해 있다는 말은 이 땅에는

마귀의 권세 아래 고통당하며 신음하는 수많은 사람들이 있다는 의미이다. 이 땅이 마귀의 권세 아래 놓였다는 것은 모든 인간이 마귀의 권세로 상징되는 죄와 질병과 수고와 고통에서 자유로울 수 없음을 의미하는 것이다.

예수께서 이 세상에서 공생애를 시작하시기 전에 마귀에게 시험을 받으신 것은 결코 우연이 아니다. 하나님의 나라가 임한다는 것은 마귀의 나라가 멸망당한다는 것을 의미하기 때문이다(요일3:8). '하나님의 나라를 선포' 하시며 그 따르는 표적을 보여주셨던 예수 그리스도와 제자들의 사역을 '귀신을 쫓아내셨다' 라는 말로 요약해서 성경이 증거 하는 이유(막1:39, 막3:14-15)가 여기에 있다. 마귀의 세력을 상징적으로 보여주는 귀신의 역사를 예수께서 멸하시고 하나님의 나라를 보여주신 것이다. 그런 의미에서 마가복음에 나타나는 예수님의 첫 이적은 매우 의미심장하다. 마가복음은 예수 그리스도의 첫 이적을 '귀신을 쫓아내신 것' 으로 그리고 있는데 이는 마가복음이 예수 그리스도의 사역을 '하나님 나라의 선포' 로 말하고 있는 것과 비교할 때 큰 뜻을 가진다.

예수께서는 설교와 가르침의 중심에 '하나님의 나라가 왔다' 는 것을 말씀하셨다. 그리고 하나님의 나라가 멀리 있는 것이 아니라, 그리고 그 나라가 말로만 이루어지는 것이 아니라 실제로 우리에게 왔음을 따르는 표적을 통해 보여주셨다. 예수께서는 귀신을 쫓아내고, 병자들을 고치시고 죄인을 용서하시고 문둥병자를 고치셨다. 이 모든 것들은 예수께서 선포하신 것과 같이 하나님의 나라가 우리 삶의 현장에 임하셨음에 대한 표적들이었다. 그리고 성경은 이런 예수님의 모든 사역을 하나로 묶어 '귀신을 쫓아내셨다'라고 부르고 있으며 이것은 곧 하나님의 나라가 임하는 곳에 마귀의 권세가 깨뜨려짐을 의미하는 것이다.

예수님 당시 팔레스타인을 휩쓸고 있던 가장 광범위하고 영향력이 있던 시대정신은 묵시사상이었다. 신약성경은 묵시적 가르침에 많은 영향을 받았는데 그 대표적인 예가 세상나라와 마귀에 관한 것이다. 마귀는 세상 나라를 다스리며 세상의 어둠을 대표한다. 하나님의 능력만이 이 어둠을 깨뜨리고 세상 나라를 하나님의 나라로 만들 수 있는 것이다. 하나님의 나라는 세상 나라와 대립 관계에 있을 뿐만 아니라 하나님의 나라는 마귀의 나라로부터 늘 위협과 박해에 시달린다. 마귀 나라의 구체적인 현현은 이방인 박해자들로 나타나고 이러한 위협과 박해가 묵시사상으로 하여금 하나님의 나라를 강하게 열망하도록 인도하는 역할을 했다. 그래서 묵시적 사상에 더 근접해 있는 요한복음과 요한 서신들은 세상임금을 마귀로(요12:31, 요14:30, 요16:11), 예수께서 이 땅에 오신 목적을 마귀의 일을 멸하려 하심으로(요일3:8) 말하고 있는 것이다.

하나님의 나라는 마귀의 나라를 깨뜨리고 들어오신다. 그래서 마귀에게 고통 받는 모든 사람들에게 자유와 해방을 주신다. 하나님의 다스리심 가운데 마귀의 역사는 무너지고 거룩한 하나님의 영이 살아 움직이시게 된다. 사람이 먼저 강한 사람을 결박하고 그 안에 있는 물건들을 꺼내오는 것과 같이(막3:27) 예수께서는 마귀의 권세를 깨뜨리고, 그 권세를 결박하고 마귀의 권세 아래서 고통 받는 사람들을 구원하셨다. 그래서 하나님의 나라가 임하는 곳에 마귀의 권세가 무너지고 하나님의 백성들은 참 자유와 해방을 경험하게 된다.

　　세상나라가 마귀에 의해 다스려지고, 그래서 하나님께서 다스리시는 하나님의 나라와 대립한다는 이러한 원론적 차원의 이야기를 뒤로 하고 우리가 언급해야 할 또 하나의 중요한 사실이 있다. 원론적 차원에서 세상나라가 하나님의 나라와 대립한다면 실질적이고 개인적인 의미에서 하나님의 나라와 대립하는 것이 있는데 그것은 ‘자아의 나라’ 이다. 하나님께서 공평과 정의, 사랑과 은혜로 그 나라를 다스리신다면 마귀가 세상 나라를 다스리는 통치 원리가 ‘자아의 나라’ 즉, 이기심인 셈이다. 그래서 예수께서는 하나님의 나라로 제자들을 초청하며 자기를 부인해야 할 것을 말씀하셨다(마16:24). 예수께서 하나님의 나라를 선포하시며 종국에는 십자가에 달려 돌아가신 것도 자아의 나라에 대한 집착을 통하여 세상 나라를 이루어가는 마귀의 세력을 깨뜨리신 예수의 자기 비움과 전혀 무관하지 않다. 예수께서는 하나님의 나라를 이루시기 위하여 철저하게 자기를 버리셨다. 자신의 뜻을 주장하지 않으셨고, 자기 자신의 삶뿐만 아니라 목숨까지도 기꺼이 내어 놓으셨다. 자신의 신체적, 감정적 복지를 추구하는 것으로 자아의 세계를 구축하지 않으셨다. 예수께서는 그렇게 자기의 유익을 구하지 않으심으로 마귀의 권세를 깨뜨리시고 그 곳에 하나님의 다스리심을 선포하신 것이다.

　　하나님의 나라가 임한다는 것은 우리를 누르고 있는 마귀의 권세가 깨어짐을 의미한다. 그리고 하나님의 백성들이 더 이상 마귀의 권세 아래 있는 것이 아니라 하나님의 다스리심을 받는다는 것을 의미한다. 하나님의 나라가 임할 때 우리 삶의 모든 영역에 있는 어둠의 영들이 쫓겨나고 하나님만이 우리를 다스리실 것이다. 우리는 이렇게 우리의 삶에 하나님의 나라가 임하기를 기도해야 한다. 그러나 또한 하나님의 나라가 임한다는 것은 우리 안에 세워 놓은 '자아의 나라'가 무너짐을 뜻하는 것이다. 이기적이고 자아 중심적인 우리의 편견과 고집이 무너져 내리는 것이 하나님의 나라가 임하는 증거이다. 다른 사람들을 향하여 쌓아 놓은 비난과 정죄의 벽이 사라지고 스스로 의인이라고 생각하는 교만이 무너지는 질 때 하나님의 나라는 우리 안에서 열매를 맺게 된다.

마귀는 계속해서 우리의 자아를 자극한다. 하나님께서 주신 능력을 자신의 복지와 편리를 위해 사용하도록, 하나님께서 주신 지위를 자신을 증명하고 높이는데 사용하도록, 하나님께서 주신 의지를 자기의 것을 채워 가는데 사용하도록 우리를 자극하며 유혹하고 있다. 이것이 마귀의 세상 나라가 가지고 있는 통치 이념이다. 그러나 하나님의 나라는 십자가를 요구한다. 그렇기 때문에 하나님의 나라는 세상나라와 대립하고 있는 것이다. 십자가는 자기를 버리는 삶이고 자신의 능력을 하나님과 타인을 위하여 사용하는 삶이다. 자신의 지위와 권리도 하나님과 타인 앞에 내어 놓는 삶이 하나님 나라의 통치 질서이다. 하나님의 나라가 임하는 곳에 세상 나라는 멸망하게 된다. 더 많은 능력을 소유하고 더 높은 지위에 오르고 그 능력과 지위를 이용하여 더 많은 영광을 차지하는 것이 더 매력 있고 가치 있어 보인다. 마귀는 이렇게 우리를 자신의 나라로 부르고 있다. 그러나 무력해 보이고 가치 없어 보이는 십자가는 우리를 하나님의 나라로 부르고 그 안에서 하나님의 무한한 능력을 경험시킨다.

2. 하나님 나라가 여기에

그렇다면 세상나라를 무너뜨리고 오시는 하나님의 나라는 어떤 모습으로 우리에게 다가오는가? 마가복음 1장-3장은 예수 그리스도의 하나님 나라 선포와 함께 그 따르는 표적으로 하나님 나라가 어떻게 우리에게 다가오는지 예수 그리스도의 이적과 행위들로 자세하게 보여주고 있다. 그래서 우리는 마가복음에 나타난 예수님의 이적과 행위들을 통하여 하나님의 나라가 지금 우리에게 무엇을 말하는지 살펴보고자 한다.

위에서도 언급했듯이 하나님의 나라가 가까웠음을 선포하신 예수께서는 하나님 나라의 현존에 대한 표적으로 마귀의 권세에 대한 상징인 귀신들린 사람을 고쳐주셨다. 마귀의 권세 아래 억눌리고 고통 받는 사람에게 하나님의 나라가 임함으로 자유와 평강이 찾아온 것이다.

그 이후에 예수께서는 베드로의 장모를 비롯하여 많은 병자들과 귀신들린 사람들을 고쳐주신다(막1:29-34). 귀신들림과 병듦은 마귀의 세력을 가장 극명하게 보여주는 것이다. 이것들은 특별히 물리적 고통을 동반하는데 예수께서는 하나님의 나라가 임하심으로 이 모든 것들이 치유되었음을 보여주셨다. 물론 예수께서 당시 모든 사람들의 질병을 고치시거나 모든 귀신들린 사람들을 회복시키신 것은 아니다. 그것은 예수의 치유와 축귀가 하나님 나라의 현존에 대한 표적으로서 상징적 행위의 의미를 강하게 포함하고 있기 때문이다. 예수를 믿음으로 모든 병이 고침을 받아야 하는 것은 아니다. 그리고 모든 병이 고쳐져야 함을 기대하는 것이 바른 믿음도 아니다. 그러나 예수께서는 마귀의 권세 아래 질병과 귀신들림으로 고통당하는 사람들에게 하나님의 사랑을 보여주셨다.

성경에서 말씀하고 있는 예수의 치유와 이적은 예수께서 모든 사람들의 질병을 고치셨기 때문에 예수님만 믿으면 모든 병이 다 낫는다는 것이 아니라 저 멀리 계신 줄로만 알았던 하나님께서 지금 우리와 함께 계시고 고대하고 소망하던 하나님의 나라가 여기에 임하고 있음을 말하고자 하는 것이다. 물론 지금도 하나님께서는 그 크신 능력으로 병든 사람들을 고치시고 새롭게 하신다. 하나님께서는 고통 받는 우리의 삶을 외면하지 않으시고 지금 여기에서 우리와 함께 하고 계신다. 하나님의 나라는 우리 가운데 현존할 뿐만 아니라 하나님의 큰 사랑과 하나님의 뜻이 우리를 다스리고 계신다. 예수께서는 이것을 말이 아니라 말씀에 따르는 표적으로 보여 주셨다.

귀신들림은 마귀의 권세 아래 고통 받는 모든 사람들에 대한 상징적 표현이다. 예수의 사역을 '귀신에게 억눌린 자를 고치시는 것'으로 말 하는 것은 귀신들림이 단순한 정신적 문제를 야기하는 현상만을 표현하는 것이 아니라 마귀 권세 아래 고통당하는 모든 인류의 보편적 문제를 대표하는 것으로 표현 한 것이다. 그런 의미에서 마가복음 1장-3장에 나타난 예수의 치유사역과 행위들의 서론으로서, 예수의 첫 이적인 귀신들린 사람의 치유가 자리하고 있다고 볼 수 있다.

이어지는 예수의 치유사역은 나병환자를 고치시는 것이었다(막 1:40-45). 병으로 인한 고통이 물리적 문제를 야기한다면 나병은 사회적 문제를 더 심각하게 만들어낸다. 나병은 단순한 육체적 고통뿐만 아니라 사회에서의 격리라는 심각한 문제를 포함하고 있다. 예수께서 나병환자를 고치시고 너의 몸을 대제사장에게 보여 증거를 삼으라고 말씀하신 것은 예수의 치유가 육체적 영역에서의 육신의 치유뿐만 아니라 사회적 고립과 격리의 문제까지도 포함하고 있음을 보여준다. 하나님의 나라가 임하는 곳에 사회적으로 고립된 '사회적 병자'의 고침이 나타나는 것이다. 이 나병환자의 회복은 하나님의 나라가 우리 삶 가운데 임하는 사회적 영역의 치유를 보여준다.

다음의 치유기사는 중풍병자에 관한 것이다(막2:1-12). 물론 중풍병자도 나병환자와 마찬가지로 육체적 질병을 가지고 있지만 중풍병자 치유에서 예수께서는 이 문제를 죄사함과 연결시키셨다. 즉 단순한 질병의 문제가 아닌 죄사함의 문제가 그 안에 있다는 것이다. 그러나 여기에서의 죄 사함은 단지 하나님께 죄를 용서받아야 병이 낫는다는 식의 접근이 아니다. 오히려 여기에서 죄 사함의 문제는 인간의 인간에 대한 책임과 연관되어 있다. 본문은 우리에게 중병에 걸린 사람은 죄인이라는 사회적 통념을 보여준다. 유대인들에게 큰 병에 걸리거나 갑자기 쓰러지는 등의 중대한 병은 하나님 앞에 남모르는 큰 죄를 지었기 때문이라고 생각되었다. 그렇기 때문에 큰 병에 걸린 사람은 병 자체로뿐만 아니라 다른 사람들로부터 죄인이라는 편견에 시달려야 했다. 예수께서는 이런 관점에서 그 중풍병자가 가지고 있던 죄의 문제를 해결하신 것이다.

이 죄의 문제는 육체적 질병과 연결되어 있을 뿐만 아니라 그 환자의 사회적 문제들, 더 나아가 하나님과의 관계에서 깨어짐을 포함하고 있었다. 예수께서는 공개적인 자리에서 이 중풍병자의 죄의 문제를 언급하셨고 공개적으로 이 사람은 더 이상 죄인이 아니라는 판결을 내리셨다. 그리고 더 나아가 '인자', 즉 사람의 아들이 이 땅에서 죄를 사하는 권세가 있음을 가르치셨다. 예수 그리스도의 죄 사함의 권세가 신적인 신분으로부터가 아니라 사람의 아들로서 이루어진다는 것을 말씀하신 것이다. 이것은 그 중풍병자가 가지고 있던 죄의 문제가 하나님과의 관계에서뿐만 아니라 사람들의 관계 속에서 사람들에 의해서 이루어진 것임을 보여주는 것이다. 하나님의 나라는 이렇게 중풍병자의 질병과 죄인으로서의 편견과 비난 위에 임하셨다. 그리고 그 사람을 살려내었다.

마가복음은 다음으로 예수께서 세관 레위를 부르시고 세리들과 함께 식사 자리에 앉으신 사건을 보도한다(막2:13-17). 이 자리에서 예수께서는 '죄인들'과 함께 하셨고 그것은 유대인들에게 거리끼는 것이었다. 여기에서의 죄인은 우리가 본문을 통해 알 수 있듯이 흔한 의미에서의 소위 '영적' 죄인들을 의미하는 것이 아니다. 여기에서의 죄인은 사회적 죄인들, 즉 사람들에게 천하고 더러운 사람이라고 낙인찍힌 직업적, 혹은 사회적, 혹은 종교적 죄인들을 의미한다. 예수께서는 이러한 죄인들을 자신의 식탁에 초대하셨고 자신이 이런 죄인을 부르러 오셨음을 말씀하셨다. 즉 하나님의 나라가 이런 낙인찍힌 죄인들에게 임한 것이다. 예수 그리스도의 삶과 인격을 통하여 사회적으로 멸시 당하던 죄인들에게 하나님의 복음이 증거 되고 그들의 삶에 하나님의 나라가 임한 것이다.

더 나아가 예수께서는 종교적 규율로 얽매여 있던 사람들을 자유하게 하셨다. 이어 나오는 두 개의 안식일 논쟁이 이를 보여준다(막

2:23-3:6). 마가복음은 이 두 기사를 통하여 사람을 얽어매고 고통스럽게 하는 종교적 규율조차도 마귀의 일로 말하고 있다. 사람을 하나님 앞에 바로 세우고 하나님과의 관계 속에서 생명을 누리도록 인도해야 할 종교적 규율들이 본래의 사명을 잃어버리고 사람을 억압하고 구속할 때 그것은 곧 사람을 죽이는 일이 된다(막3:4). 그래서 안식일 자체가 악한 것이 아니지만 그 안식일 법이 사람을 죽이는 마귀의 일이 될 수도 있음을 보게 된다. 예수께서는 사람이 종교적 규율을 위해 있는 것이 아니라 종교적 규율이 사람을 위해 있는 것임을 말씀하시면서(막2:27) 종교제도 아래서 손가락질 받으며 고난당하는 사람들을 살리셨고 하나님의 나라가 그 안에 이루어지고 있음을 선포하셨다.

이상에서 살펴본 것과 같이 예수님의 하나님 나라 선포와 그에 따르는 사역은 인간이 이 땅에서 살아가며 경험하는 각 영역에서 마귀의 권세를 깨뜨리고 그 권세 아래 억눌린 사람을 살려내며 그 곳에 하나님의 다스리심을 선포한다. 마귀의 권세는 질병으로 대표되는 육체적 영역에만 머무르는 것이 아니라 정신적 차원을 넘어 사회적 관계의 영역에 이르러 광범위하게 퍼져 있다. 더 나아가 종교적, 영적뿐만 아니라 자연환경의 영역에서도 마귀의 권세는 하나님의 백성들을 억압하고 지배하려 한다. 마귀의 권세 아래 연약하고 어리석은 인간들은 서로가 서로를 억압하며 정죄하고 스스로를 마귀의 권세 아래 방치한다.

인간이 처한 육체적 고통보다 더 심각한 것은 사회적, 영적 고립과 격리이다. 귀신들림과 육체적 질병의 치유가 하나님 나라 사역의 기초를 제공하고 그 문을 열어 준다면 사회적 편견과 격리, 사회적 낙인과 종교적 억압은 하나님 나라 사역의 영역을 확장시킨다. 하나님의 나라는 우리가 살아가는 개인과 공동체로서의 삶의 구석 구석에 임하신다. 그래서 그 안에서 개인을 회복시키시고 사회적 구성원으로서의 공동체를 새롭게 하신다. 이러한 전인적인 갱신의 역사가 하나님 나라의 구체적 현존이다.

한국교회의 그리스도인들은 '개인구원' 과 '영혼구원' 에 지나치게 집착하는 경향이 있다. 그래서 하나님 나라의 능력을 단지 죽어서 천국 가는 것쯤으로만 치부해 버린다. 그러나 하나님의 능력과 구원의 역사는 영혼이 천국 가는 차원이 아니라 인간의 전인적 삶의 영역에 나타난다. 위에서 살핀 것과 같이 하나님의 나라는 인간이 겪고 있는 모든 삶의 현장에 임하는 것이다. 육체적, 정신적, 사회적, 영적인 모든 영역에서 일어나는 문제와 어둠의 영 가운데 하나님은 역사하시고 우리를 새롭게 하신다.

우리 곁에는 지금도 여전히 '귀신들린 사람들' 과 '병든 사람들' 이 있다. '나병환자들' 과 '중풍병 환자들' 도 우리 주변엔 참으로 많다. 사회적 '죄인들' 과 세리들, 그리고 종교적 규율에 얽매여 있는 많은 죄인들과 악한 영에 사로잡힌 자들 또한 하나님의 나라를 갈망하고 있다. 그리고 하나님의 나라도 이들을 갈망하며 찾고 있다. 죄인들과의 식사를 비난하며 스스로 의인인체 하면서 스스로를 하나님의 통치아래 있는 하나님의 사람들이라고 자부하던 바리새인들에게 예수께서는 '새 포도주는 새 부대에' 넣어야 할 것을 말씀하셨다(막 2:22). 새 포도주를 헌 부대에 넣는다면 둘 다 버리게 될 것이므로 그렇게 하지 않으시겠다는 것이다. 헌 부대가 되어서 하나님의 말씀과 하나님의 나라를 받아들이지 못하는 바리새인들의 교만과 어리석음에 대한 책망의 말씀인 것이다. 하나님의 나라는 스스로 의인인체 하는 바리새인들이 아니라 자신의 연약함을 알고 고통 가운데 하나님을 바라는 병든 자들과 죄인들에게 임할 것이다. 그들이 새 부대가 되어 하나님의 나라를 소유할 것이다. 하나님의 나라는 이런 자들에게 열려있고 그들에게 새로운 생명을 주신다.

초기의 한국 기독교는 새 부대로서의 사명을 잘 감당했다. 교회가 앞장서서 노비, 백정과 같은 천민들을 받아들이고 그들에게 이름을 지어주며 동등한 인간으로서의 권리를 주었다. 사회적 천대로 고통 받는 사람들이 교회에서 하나님의 나라를 경험한 것이다. 지나친 흡연과 음주로 경제적 파탄에 이른 사람들에게 금연 금주를 가르침으로 가정에서 학대받고 굶주리는 어린이들과 여자들을 살려냈다. 가난과 질병에 허덕이는 많은 사람들을 살피고 치료하면서 그들과 운명을 같이 했던 많은 선교사들과 믿음의 선배들이 있음을 우리는 알고 있다. 교회가 예수 그리스도의 이름으로 학교를 세우고 보육시설을 만들고 많은 병원을 세웠고 그 안에서 많은 사람들이 하나님을 만나고 하나님의 나라를 경험했다. 그야말로 교회는 새 부대였다.

그러나 교회가 양적으로 성장하고 교회의 재정이 늘어나면서부터 우리는 교회가 새 부대로서의 사명을 잃어버린 채 헌 부대가 된 모습을 또한 많이 보고 있다. 참으로 안타까운 일이지만 지금 우리가 경험하는 많은 교회들의 모습 속에서 더 이상 교회는 '죄인들' 의 안식처가 아닌 것 같다. 사회적으로 낙인찍힌 사회적 죄인들은 교회에 오지 않는다. 교회에 오면 스스로 더 비참해질 뿐이기 때문이다. 나는 필립 얀시가 쓴 '놀라운 하나님의 은혜'라는 책에 나오는 한 이야기를 잊을 수 없다. 그 이야기는 그가 만났던 한 여성에 관한 것인데 그 여인은 커다란 과거의 상처와 현재의 고난으로 고통가운데 삶을 보내고 있었다. 어떤 사람이 그녀에게 교회에 가서 도움을 받아보지 않겠냐고 질문하자 그녀는 '교회요? 그런덴 뭐 하러 가요? 그곳에 가면 더 비참해질 뿐인데'라고 대답했다고 한다. 이것은 비단 그 사람만의 문제, 미국 교회만의 문제가 아니라 지금 우리의 교회들도 동일하게 가지고 있는 문제일 것이다.

장애를 가지고 있거나 사회적 편견으로 사회에서 거부당하고 있는 사람들은 교회를 거부한다. 왜냐하면 교회가 그들을 거부하기 때문이다. 교회가 그들을 받아들일 새 부대가 아니라 헌 부대가 되어 버렸기 때문이다. 물론 모든 교회가 그렇다는 것은 아니다. 하지만 우리 한국 교회와 그 안에서 살아가는 우리의 모습이 그래 보인다. 실재로는 아닐 수도 있다. 하지만 그렇게 보인다. 그리고 교회 밖의 사람들은 그렇다고 생각하고 있는 것 같다.

전도조차 본래의 사명을 잃어버린 것 같다. 전도의 제일 목적이 교인수를 늘리는 것으로 전락해 버린 것 같다. 잃어버린 하나님의 백성에 대한 긍휼함보다 교회의 교세를 늘리는 데 전도가 이용당하고 있다. 예수께서 만나셨던 잃어버린 백성들에 대한 관심과 사랑은 사라지고 전도를 통하여 내 교회만 성장하면 된다는 식의 전도가 우리 한국 교회를 휩쓸고 있는 것 같다. 고통 받고 슬픔 가운데 있는 하나님 백성들의 삶에 하나님의 나라가 임하시도록 간구하기보다 그들이 속히 내 교회의 교인이 되는 것에 우리의 관심이 있는 것 같다. 교회가 새 부대로서의 사명을 잃어버리고 헌 부대가 되어가는 것은 아닐까? 그래서 세상 사람들도 교회의 거룩함을 알지 못하는 것은 아닐까?

요즘과 같이 교회의 세속화에 대한 우려의 목소리가 컸던 적은 없었던 것 같다. 저마다 세속화를 우려하며 나름대로의 목소리를 내고 있다. 그러면서 갖가지 방안과 프로그램들을 내 놓지만 그것들 또한 세속적 가치관 위에 세워진 '거룩한' 프로그램들인 경우가 허다하다. 인간의 영혼을 진심으로 돌아보고 병들고 지친 사람들의 삶의 현장에 하나님의 다스리심을 선포하기보다는 교회성장과 자기들의 이름 드러내기에 급급한 모습을 더 많이 보이기 때문이다. 참으로 안타깝지만 이것이 우리의 모습이고 우리가 회개해야 할 우리의 죄가 아닐까?

예수께서는 자신의 가르치심에서 죽음 이후에 있는 내세의 천국에 관하여는 큰 비중을 두지 않으셨다. 예수님의 관심은 주로 우리가 살아가는 삶의 현장에서의 하나님의 다스리심, 즉 하나님의 나라였다. 이것은 예수께서 내세에서 이루어질 천국 자체에 관심이 없었다기 보다는 이 땅에 살아가는 많은 사람들의 아픔과 눈물에 그 마음을 두셨다는 것을 의미한다. 하나님의 나라는 먼 곳 이야기가 아니다. 예수께서 '하나님의 나라가 가까이 왔다' 고 선포 하셨을 때 가까이 왔다는 말의 실제적 뜻은 '임박하였다', 혹은 '지금 여기에 있다' 는 것이다. 하나님의 나라가 예수 그리스도의 사역과 함께 '지금 이곳' 에 이루어지는 것이다. 사도행전은 빌립이 사마리아에서 전도할 때 '하나님의 나라와 예수 그리스도의 이름' 을 전하였다고 말하고 있다(행8:12). 예수 이름이 전해지는 곳에, 예수 그리스도의 삶이 전해지는 곳에, 예수 그리스도의 죽음이 전해지는 곳에 하나님의 나라가 임하기 때문이다. 우리가 우리의 기도 가운데 하나님의 나라를 구한다는 것은 또한 예수 이름이 전해지는 그 곳에 하나님의 나라가 임하도록 우리의 삶을 드려야 한다는 것을 의미하는 것이다.

3. 오시는 하나님의 나라

그렇다면 하나님의 나라는 오는 것인가, 아니면 우리가 가는 곳인가? 물론 이 둘 사이에는 긴장이 존재한다. 이 긴장은 오래 전부터 있어왔고 아직도 이 긴장은 해결되지 않았다. 그러나 성경은 전체적으로 '오시는 하나님의 나라'를 말하고 있고 주기도에서도 하나님의 나라가 오심을 말하고 있다. 하나님의 다스리심이 있는 곳은 어느 곳이나 하나님의 나라이다. 그런 의미에서 본다면 하나님의 나라가 하나님의 다스리심 가운데 우리를 향하여 돌진하여 들어오고 있는 것이다.

우리가 1장에서 잠깐 살펴봤듯이 하늘나라 즉 천국은 하늘에 있는 나라를 말하는 것이 아니다. 하늘은 장소적, 물리적 개념이 아니라 상징적, 영적 개념이기 때문이다. 즉 하늘나라는 하늘에 있기 때문에 하늘나라가 아니라 하나님께서 다스리시기 때문에 하늘나라인 것이다. 이 하늘나라가 바로 하나님의 나라이다. 우리는 흔히 하늘나라 하면 죽어서 가는 천국을 생각하고 하나님의 나라 하면 이 땅에서 이루어지는 천국을 생각한다. 그러나 하늘나라와 하나님의 나라는 마태복음과 마가복음의 용어들을 비교할 때 같은 말임을 알 수 있다.

주님은 우리에게 하나님의 나라가 임하도록 기도하라고 가르치신다. 앞에서 살펴봤듯이 사단의 권세에 묶여 있는 우리들 삶의 각 영역에 하나님의 나라가 임하도록 기도해야 한다. 우리가 신앙하는 하나님께서는 자신의 백성들이 겪고 있는 고통의 현장에서 그저 참고 인내하라고 말씀하지 않으신다. 그분은 잘 참고 견뎌내면 천국에 갈 것이라고 달래시는 분이 아니다. 그분은 그분의 주권 가운데 우리의 삶으로 들어오시는 분이시다. 우리가 살아가는 삶의 모든 영역으로 들어오셔서 하나님의 나라를 이루시는 분이시다. 물론 우리에게는 내세에 대한 소망이 필요하다. 그리고 그 소망은 무엇보다 강력하여서 어떤 어려움도 이겨내는 큰 힘을 우리에게 주는 것이 사실이다. 그러나 그 소망이 지금 우리 안에서 역사하시는 하나님의 운동을 제한해서는 안 된다. 또한 그 소망에 대한 권면이 지금 우리가 하나님 앞에서 감당하고 이루어 내야 할 우리의 사명을 가로막아서도 안 된다. 하나님께서는 우리에게 내세에 대한 소망을 주시는 분이시지만 또한 지금 우리의 삶을 만지시고 우리의 삶에 능력으로 임하시는 분이시다. 진실하고 참된 소망은 오늘을 포기하거나 방치하지 않고 오늘을 변화시키며 새롭게 하는 능력이 있다.

정확히 말하면 우리가 하나님의 나라에 들어간다는 것은 일종의 상징적 표현이다. 하나님께서 하늘에 계시다는 것이 영적인 상징성을 가지고 있는 것과 같이 우리가 하나님의 나라에 들어간다는 것 또한 영적인 상징성을 가지고 있는 것이다. 하나님의 나라에 들어간다는 것은 하나님의 통치 아래 들어간다는 것을 의미하고 그 통치 안에서 하나님과의 온전한 관계가 회복되는 것을 의미한다. 가는 것인가, 오는 것인가의 문제에서 하나님 나라의 속성을 더 직접적으로 표현해 주는 것이 하나님의 나라가 우리의 삶에 들어온다는 것이다. 예수 그리스도를 통하여 하나님의 나라는 이미 우리 안에 있다. 내가 지금 이 세상에서 코로 숨 쉬며 살아가든지, 내 육체의 생명이 끝나고 하나님 품으로 옮겨 가든지 하나님의 나라는 나의 존재와 나의 모든 삶의 영역 안에 들어와 있다. 내 존재의 영역이 바뀔 뿐이지 나를 다스리는 주권자가 변하는 것이 아니기 때문이다. 내가 살아있든 죽었든, 내가 땅 위에 거하든 무덤 속에 거하든 하나님께서 나의 통치자가 되시고 나를 다스리고 계시기 때문에 나는 하나님의 나라 안에 있고 그 나라가 내게로 임한 것이다.

우리의 기도는 앞에서 살펴봤던 것과 같이 우리의 모든 삶의 영역 안에 하나님의 나라가 이루어지기를 간구하는 것이다. 우리는 우리의 가장 기본적인 육체적 영역 안에 하나님의 다스리심이 있기를 구해야 한다. 우리는 서로 병 낫기를 위해 간구해야 하고 서로의 육체적 필요를 돌아보아야 한다. 물론 병든 자를 위하여 기도하는 것이 모두 치유를 일으키는 것은 아니다. 그러나 어떤 사람에게는 질병의 기적적 치유가 하나님의 다스리심에 대한 표적이 될 수 있다. 예수께서 모든 병자들을 고치신 것은 아니지만 어떤 사람에게는 육체적 치유를 통하여 하나님의 나라가 임했음을 보여주신 것과 같이 우리도 병자를 위해서 기도해야 하고 하나님께서 각 사람의 상황과 형편에 따라 역사하실 것을 기대해야 한다. 또한 우리는 우리 이웃의 육체적 필요를 돌아보아야 하며 그곳에 하나님의 나라가 임한다는 사실도 기억해야 한다. "참된 금식은 흉악한 결박에 있는 자를 풀어

주며… 주린 자에게 네 식물을 나눠주며 유리하는 자를 네 집에 들이
며 벗을 자를 입히는 것”이라고 이사야58장은 말씀하고 있다. 이것
이 바로 영적인 삶이고 하나님의 나라인 것이다.

　여기서 한 가지 집고 넘어가야 할 것이 있다. 바로 ‘영적’이라
는 말의 의미에 관한 것이다. 우리는 흔히 영적이라고 하면 육체적인
것의 반대 의미로 사용한다. 즉 세상적인 것과는 다른 하나님적인 것
을 영적이라고 부른다. 그러나 여기에는 큰 함정이 있다. 세상적인
것으로서의 육체적인 것과 인간의 삶의 영역으로서의 육체적인 것의
구별이 그것이다. 이 구별이 분명하게 이루어지지 않을 때 우리는 육
체적 영역 안에 이루어지는 하나님의 역사의 풍성함을 보지 못하게
된다. 종종 이 둘을 구분하지 못하는 이유로 인해서 많은 사람들이
신앙의 오류에 빠져 있는 것을 볼 수 있다.

　영적이라는 것은 육체적인 것, 정신적인 것, 관계적인 것, 자연
환경적인 것과는 별개의 다른 영역이 아니다. 하나님께서는 우리와
육체적 영역에서, 정신적 영역에서, 사회적 영역에서, 자연환경적 영
역에서 관계를 맺으신다. 그리고 그 하나님과의 관계가 영적인 것이
다. 영적이라는 것은 하나님과의 관계 안에서의 삶을 의미하는 것이
지 육체적, 정신적, 사회적 영역과는 별개의 또 다른 삶을 말하는 것
이 아니다. 그렇기 때문에 우리의 육체적 행위들이 영적인 것이 될
수 있다. 금식이 가장 적합한 예이다. 단지 밥을 굶는 것 자체가 영적
인 행위가 된다. 왜냐하면 그 행위가 하나님과의 관계 안에서 이루어
지기 때문이다. 이웃에게 식물을 나누어 주는 것 자체가 영적인 일이
될 수 있다. 그것이 하나님과의 관계 안에서 이루어진다면 말이다.

육체적 영역뿐만 아니라 정신적, 사회적, 자연환경적 영역에서도 마찬가지이다. 우리의 모든 지적 활동들과 사람들과의 관계도 하나님과의 관계 안에서 이루어진다면 그것은 영적인 것이 된다. 이렇게 하나님의 나라는 우리의 영적인 삶 위에 세워지고 또한 우리를 영적인 세계로 부르는 것이다.

우리는 또한 우리의 정신적 세계 위에 하나님의 나라가 이루어지기를 기도해야 한다. 이것은 개인적 차원과 공동체적 차원을 모두 포괄하는 것이다. 전통적 의미의 귀신들림이나 현대적 정신질환은 우리 시대의 큰 과제가 되었다. 많은 사람들이 정신질환에 시달리고 있으며 그 폐해는 매우 심각하다. 이런 정신질환은 개인의 삶뿐만 아니라 그가 속한 공동체의 삶 또한 파괴한다. 이제는 우리 그리스도인들이 고통 속에 있는 그들의 삶에 하나님의 나라가 임하도록 기도해야 한다. 그들의 삶에 하나님의 나라가 임하셔서 그들에게 치유가 일어나도록 기도해야 할 뿐만 아니라 우리가 그들을 끌어안아야 한다. 갖가지 정신 질환에 시달리는 그들을 교회가 품고 그들의 회복을 도와야 한다. 사실 이것은 많은 교회들이 관심을 가지고 있는 부분이기도 하다. 그러나 아쉽게도 교회의 벽이 그들이 교회의 도움을 받기에는 너무 높다는 것이다. 그런 문제를 가진 사람들은 교회를 환영하지 않는다.

최근 이러한 정신질환적 문제에 대한 관심을 반영하듯이 많은 상담소들이 생겨나고 방송 프로그램에서도 이런 문제를 많이 다루는 것을 볼 수 있다. 그리고 그런 상담이나 정신과 치료를 통하여 많은 사람들이 실제적 도움을 받고 있는 것을 본다. 그러나 아쉽게도 이런 곳들 또한 접근이 쉽지 않다. 이런 곳은 사람들에게 심리적 거리가 있을 뿐만 아니라 상담이나 치료비용이 너무 비싸다. 그래서 형편이 넉넉지 못한 서민들이 이런 기관에서 도움을 받는 것 자체가 매우 어려운 것이 사실이다. 교회가 이런 고통가운데 있는 사람들을 끌어안고 그 안에 하나님의 나라가 임하도록 기도하며 그들을 도울 수 있는 많은 길들을 만들어내야 하지 않을까?

마귀의 정신적 권세는 개인적 차원에만 머물러 있는 것은 아니다. 지나친 성공주의와 물질주의, 그리고 외모에 대한 지나친 집착과 사회풍토는 마귀에 의해서 황폐해진 우리의 정신세계를 적나라하게 보여준다. 하나님의 나라는 이런 마귀의 권세를 깨뜨리고 우리 가운데 임하셔서 인간의 진정한 가치를 보여주시고 하나님의 형상을 가르치신다. 부흥의 시대에 하나님의 나라가 임한 곳에는 언제나 시대정신의 변화가 있었다. 사람들마다 자신들의 부정직함을 고백하였고 이방인들이 하나님의 백성으로 인정되었으며 노예가 해방되었다. 하나님께서 주신 한 사람의 고유한 가치가 정당한 권리를 찾은 것이다. 교회는 하나님의 나라를 선포하며 그 나라를 확장하는 곳으로서 마귀의 권세 아래 황폐해진 우리의 정신세계를 새롭게 해야 한다. 그리고 하나님의 길과 뜻을 선포하는 곳이 되어야 한다. 이것이 한 사람의 교인을 얻어 소경이 소경을 인도하는 것보다 하나님의 마음을 시원케 해 드리는 것이 아니겠는가?

하나님의 나라는 또한 우리가 살아가는 사회적 관계의 영역에서 우리를 새롭게 하고 큰 권능으로 임하신다. 우리는 우리의 이웃가운데 깨어진 관계로 인하여 고통 받는 많은 사람들을 본다. 가정에서는 부부의 관계가 깨어져가고 부모 자식의 관계가 깨어져가고 학교에서는 스승과 제자의 관계가 깨어져간다. 그리고 그 안에서 고통 받는 것은 다름 아닌 하나님의 백성들이다. 얼마 전 자신의 담임선생님이 자신을 믿어주지 않는다는 이유로 교실에서 투신한 한 여학생의 이야기를 보았다. 깨어진 관계는 우리 모두에게 상처를 남길 뿐이다. 우리는 그 깨어진 관계 안에 하나님의 나라가 임하기를 기도해야 한다. 이 세상의 어떤 제도도 이 깨어진 관계를 다시 회복시킬 수 있는 능력이 없기 때문이다.

하나님의 치유와 회복은 이렇게 우리가 살아가는 모든 영역에서 일어난다. 그런데 우리가 여기서 기억해야 할 또 하나의 중요한 사실이 있다. 하나님의 나라는 이 깨어진 관계 안에서 더 연약한 사람들을 지향한다는 것이다. 사람들의 편견가운데 있는 사람들, 사람들의 관심의 영역에서 밀려난 사람들, 그래서 하나님의 은혜가 아니면 이 땅에서 숨 쉬며 살아가는 것조차도 버거운 사람들, 하루를 눈물로 시작해서 눈물로 마쳐야 하는 사람들, 그럼에도 한 줄기 희망을 놓지 못하고 마지못해 살아가는 많은 사람들을 향해 하나님의 나라는 지금도 움직이고 있다. 물이 높은 곳에서 낮은 곳으로 흐르듯이 하나님의 은혜는 더 연약하고 더 낮은 곳으로 흘러가고 그 안에서 역사한다.

예수께서 들려주신 탕자의 비유는 이것을 잘 보여준다. 탕자의 비유는 집 나간 아들을 받아들이시는 아버지의 사랑보다는 그 탕자를 받아들이시는 아버지에 대한 큰 아들의 태도와 두 아들의 갈등에 초점이 맞춰져 있다. 두 아들 중 형은 강자이고 동생은 약자이다. 물

론 심리학적으로 보자면 둘 다 상처를 가진 약자일 수 있지만 비유가
말하고자 하는 초점 안에서 이해할 때 동생은 연약하고 깊은 상처를
받아 형에게 거절당한 사람이다. 그는 아버지 이외의 모든 사람들의
관심에서 버림받은 사람이다. 아버지의 은혜는 이런 사람에게 흘러
간다. 그리고 그 은혜 안에서 하나님께서는 둘째 아들을 '정상적인'
삶의 영역으로 올려 주시고 그 깨어진 관계를 회복시키신다. 교회가
하나님 나라의 일꾼으로 쓰임 받을 때 교회는 깨어진 관계의 회복에
대한 사명을 소유하게 되는 것이다.

지금까지 살펴본 이러한 삶의 모든 영역들은 유기적으로 연결
되어 있다. 예수께서 병자를 고치시면서 사회적 고립의 문제를 해결
하신 것처럼, 병자를 고치시면서 죄의 문제를 언급하신 것처럼 서로
가 유기적 관계 아래 얽혀 있다. 하나님 나라의 능력은 어느 한 영역
만 떼어 놓고 생각할 수 있는 문제가 아니라 우리 삶의 전 영역에 걸
친 전인적인 회복인 것이다. 우리가 전파하는 하나님의 나라도 마찬
가지이다. '영혼'의 구원만을 생각한 채 죽어서 천국 갈 것만 전한다
면 그것은 하나님 나라의 복음이 아니다. 하나님의 나라는 우리의 삶
전체를 평강(살롬)으로 인도하기 때문이다.

예수께서는 우리를 향하여 '그의 나라'와 '그 의'를 먼저 구하
라고 말씀하신다(마6:33). 하나님의 나라가 우리 삶의 지평에 이루어
지도록 그것을 먼저 구하라는 것이다. 하나님의 나라를 먼저 구하라
는 것은 세상적 관심보다 '개인적 경건'을 먼저 추구하라는 말씀이
아니다. 오히려 이 말씀은 '개인적 경건'보다 '하나님의 나라'를 먼
저 구하라는 것이다. 하나님의 뜻이 우리가 살아가며 만나는 모든 사

람들의 삶의 영역에, 혹은 우리의 관심에서 밀려난 연약한 사람들의 삶에 임하기를 기도하라는 것이다. 이것이 예수께서 우리에게 가르치신 기도이고, 우리에게 보여주신 당신의 거룩한 삶이었다. 서두에 말한 것처럼 이것이 진정한 갱신이다.

많은 사람들이 부흥을 원한다. 그리고 부흥이야말로 하나님의 뜻인 것처럼 생각하며 부르짖는다. 그러나 성경은 부흥이 아니라 갱신을 말하고 있다. 물론 대다수의 사람들이 말하는 부흥 안에는 갱신의 의미를 포함하고 있다는 것을 알고 있다. 그러나 엄밀히 구분하자면 우리에게 필요한 것은 부흥이 아니라 갱신이다.

예수님은 부흥이 아니라 개혁을 위해 자신의 삶을 드리셨다. 예수님은 유대교의 부흥을 통해 하나님의 뜻을 이루려 하지 않으셨다. 오히려 하나님의 뜻과는 상반되게 행하는 유대교를 개혁하려 하셨으며 그 개혁은 결국 기독교 신앙을 만들어 냈다.

루터는 가톨릭의 부흥을 원하지 않았다. 썩을 대로 썩어서 악취만을 풍기고 있는 교회의 부흥이 아니라 그 썩어짐의 개혁을 원했다. 그리고 갱신만이 교회의 살 길임을 굳게 믿었고 그렇게 자기의 삶을 드렸다. 그 결과 개신교가 생겨났다. 19세기 유럽 교회 갱신 운동의 시발점이었던 블룸하르트 목사님은 교회의 부흥을 위해 일하지 않았다. 강자 중심의 교회, 교리와 교권에 물들어 있는 교회의 갱신을 위해 전 생애를 바쳤고 그것이 발단이 되어 유럽과 미국의 대각성 운동이 일어났다. 19세기 유럽과 미국의 갱신은 엄밀히 말해 부흥 운동이 아니었다. 흔히들 대부흥 운동이라고 불리는 이 운동의 본질은 갱신이었다. 교회의 교회됨을 회복하고 교회의 정직과 윤리를 바로 세우고 가난하고 연약한 사람들을 돌보고자 하는 각성운동이 이 운동의 본질이었다. 병든 교회의 교세확장으로서의 부흥은 이 운동과는 아무런 관련이 없다.

1907년 평양에서 일어났던 대 부흥 운동도 엄밀히 말하면 부흥이 아니라 갱신이었다. 교회의 부정직과 죄를 고백하는 것이 이 각성운동의 핵심이었고 교회가 하나님과 사람 앞에 정직하고 올바르게 세워지는 것이 이 운동의 중심이었다. 물론 이 운동으로 인하여 약간의 교세가 성장하고 역동성을 가진 부흥이 일어났던 것은 사실이다. 그러나 그것이 이 운동의 본질이 아니었다. 갱신 없는 부흥은 아무런 의미가 없다.

지금 우리에게 필요한 것은 무엇인가? 갱신인가 부흥인가? 물론 이 둘을 떼어 놓고 생각하는 것에 무리가 있음을 감안 하더라도 이것은 우리에게 꼭 필요한 질문이다. 한국교회는 지난 수십 년간 급격한 부흥을 경험했다. 그러나 오늘의 교회를 바라볼 때 안타까울 뿐이다. 교회가 스스로의 자정능력을 상실한 채 사회로부터 개혁의 대상으로 주목받고 있다. 지금의 우리에게 진정 필요한 것은 부흥이 아니라 갱신이다. 스스로 새로워지지 않는다면 부흥은 의미가 없다.

하나님의 나라가 임한다는 것, 그리고 그의 나라와 정의를 위하여 우리의 삶과 기도를 드린다는 것은 우리 자신을 갱신하는 것이다. 그리고 그것은 우리의 교회와 사회를 갱신하는 것이다. 하나님의 나라가 우리의 삶과 교회와 가정과 사회에 임하여 놀라운 갱신의 역사와 함께 우리의 삶과 공동체가 놀랍게 변화되는 비전이 우리에게 함께 있기를 바란다.

5장

하늘과 땅

하나님의 뜻이 이루어지기를 기도하는 이 간구는 사실 하나님의 나라가 이루어질 것을 구하는 기도의 부연설명과도 같다. 즉 하나님의 나라가 이루어지는 것이 곧 하나님의 뜻이 이루어지는 것이라는 의미이다. 그래서 누가복음의 주기도에는 이 간구가 나타나지 않는다. 그러나 이 기도는 '하나님의 나라가 임하소서'라는 기도와는 강조점이 다르다. 하나님의 나라가 임하기를 구하는 기도가 능동형으로 되어있어 하나님의 직접적이고 주권적인 역사를 강조 하는 것과는 달리 하나님의 뜻이 이루어지게 하소서라는 기도는 수동형으로 되어 있다. 이 두 가지 다른 표현을 통하여 우리는 하나님의 나라를 구하는 기도의 두 가지 측면을 모두 볼 수 있다.

하나님의 나라를 구하는 것과 하나님의 뜻을 구하는 것은 같은 내용을 말하고 있지만 두 간구의 초점을 다르게 둠으로써 우리의 기도를 더 풍성하게 해준다. 하나님의 뜻이 이루어지기를 구하는 이 간구는 하나님의 능동적인 행위나 하나님 나라의 주권적 임재에 초점이 맞춰져 있지 않고 하나님 행위의 수동성 즉 인간의 능동성을 강조함으로써 기도하는 사람에게 강력한 도전과 메시지를 전달한다. 더 나아가 하나님의 뜻이 하늘에서, 그리고 땅에서 이루어질 것을 가르치는데 이는 이 기도가 우리에게 무엇을 요구하는지 말해주고 있으며 그것이 이 기도의 핵심으로 나타난다.

또한, 하늘과 땅에서 이루어질 하나님의 뜻을 구하는 이 기도는 주기도문 전체의 전 후를 이어주는 역할을 한다. 우리에게 일용할 양식이 주어지고 우리가 서로를 용서하는 것과 같이 땅에서 이루어지는 하나님의 뜻과 하나님의 이름이 거룩하게 되고 하나님의 나라

가 임하는 것과 같은 하늘의 뜻을 연결시켜 주는 역할을 하는 것이
이 기도이다.

1. 하나님의 뜻

하나님의 뜻이 무엇인가? 모든 사람들이 구원받는 것, 혹은 세
계 선교 등과 같은 것들은 당연히 하나님의 뜻이다. 그러나 여기에서
하나님의 뜻을 이렇게 거시적 관점으로 정해 놓고 하나님의 뜻을 구
하는 삶을 살아야 한다고 적용하는 것은 주기도에 나타난 하나님의
마음을 이해하는 데는 도움이 되지 않는다. 우리가 이해하고 살펴봐
야 할 하나님의 뜻은 주님의 기도 안에서, 그리고 주님의 가르침 안
에서, 주께서 선포하셨던 하나님 나라의 빛 아래서 이해되어야 한다.
만약 우리가 이러한 노력을 포기하고 단순히 교리적 차원에서 하나
님의 뜻을 정해놓고 성경을 해석하기 시작할 때 성경은 하나님의 말
씀 안에 감추어진 보화의 창고가 아니라 교리의 하녀로 전락하기 쉽
다. 성경은 기독교의 교리를 증명하기 위해 존재하는 것이 아니라 우
리를 향하신 하나님의 뜻을 헤아리기 위하여 있는 것이다. 우리의 하
나님과 세상을 향한 이해가 성경의 빛 아래서 다시금 조명되고 늘 개
혁 될 때 성경의 권위와 생명력이 살아나게 된다.

하나님의 뜻을 의미하는 단어 헬라말 Thelo는 주로 마태복음
에서 많이 사용되는 단어이다. 특별히 공관복음에서는 거의 대부분
이 마태복음에 나타나고 있다. 마태복음이 하나님의 뜻을 행하는 것
즉, 믿음에 따른 행함에 많은 관심을 보이고 있기 때문이다. 이 단어

는 예수의 비유에서, 가르침에서, 병자를 고치는 과정에서, 그리고 겟세마네의 마지막 기도에서 집중적으로 나타난다. 이것은 예수께서 하나님의 뜻을 따라 살아가셨고 하나님의 뜻을 따라 말씀을 선포하시고 가르치셨으며 생의 마지막 순간까지도 자신의 뜻이 아니라 하나님의 뜻이 이루어지기를 기도하셨음을 보여주는 것이다.

이런 구절들을 종합하여 볼 때, 마태복음에 나타난 하나님의 뜻이 가리키는 바는 죽었던 생명이 살아나고 병들고 지친 사람들에게 복음이 증거되는 것이다. 작은 사람들-소자- 중 어떤 한 사람도 잃어버리지 않는 것이 하나님이 뜻이다(18:14). 주여 주여 하는 사람이 아니라 하나님의 뜻을 행하는 자가 하나님의 나라에 들어갈 것이다(7:21). 더 나아가 하나님의 뜻대로 행한 둘째 아들, 즉 세리와 윤락여성들이 하나님의 나라에 먼저 들어갈 것이다(21:31). 그리고 하나님의 뜻을 행하는 사람이 예수 그리스도의 형제, 자매, 모친이 된다(12:50). 예수 그리스도는 하나님의 뜻 가운데 죽음을 맞이하셨고(26:42) 자신의 사역 가운데서 나병으로 고통 받는 사람을 고치시는 것이 자신의 뜻이라고 말씀하셨다(8:2).

하나님의 뜻을 행하는 사람이 하나님의 나라에 들어가고 하나님의 뜻을 행하는 사람이 예수의 새로운 가족이 된다. 하나님의 뜻이 이루어지는 곳이 곧 하나님의 나라이기 때문이다. 이 하나님의 뜻은 나중 되었던 사람들, 즉 세리와 죄인들, 윤락여성들과 병자들에게 먼저 성취되었다. 그들은 처음에는 하나님의 뜻을 거부하였지만 하나님의 백성이라고 불리던 사람들보다 먼저 하나님의 뜻을 행하고 하나님 나라의 백성이 되었다(마21:31-두 아들의 비유).

예수 그리스도의 가르침 안에서 하나님의 뜻은 주로 작은 자들, 즉 연약하여 병으로 고생하는 사람들과 죄인이라고 손가락질 받는 사람들을 향하여 서 있다. 이 버려진 작은 사람이 하나님의 백성이 되는 것이 하나님의 뜻이다. 잃어버린 양의 비유는 이런 하나님의 뜻을 너무나 잘 보여주고 있다. 하나님의 뜻은 건강하고 울타리 안에 머물러 있는 99마리의 양들과 즐기고 기뻐하는 것이 아니라 잃어버린 한 마리의 양을 찾아 험한 길을 나서는 것이다. 예수께서는 자신이 건강한 사람들이 아니라 병든 사람들과 죄인을 부르러 오셨다고 말씀하셨다(막2:17). 하나님의 뜻은 지금도 우리 안에서 연약하고 멸시받는 사람들을 부르신다. 그리고 하나님의 뜻은 그들을 새롭게 하고 그들을 구원하신다.

우리는 때때로 하나님의 일을 한다는 이유로 하나님의 뜻을 저버릴 때가 많다. 교회마다 하나님의 일이라는 구실로 많은 프로그램들이 진행되고 많은 모임이 이루어지지만 실상 그 안에 하나님의 뜻은 사라진 경우를 종종 보게 된다. 하나님의 뜻은 교회가 더 많은 교인을 소유하여 비만해 지는 것이 아니라 아주 작고 미천한 사람이라할지라도 그가 사람들에게 버린바 되지 않고 구원 얻는 것인데, 우리는 하나님의 일을 위하여 과감히 약한 자들을 짓밟기도 한다. 한 마리의 양을 찾아 나서는 하나님의 뜻이 사라지고 오직 프로그램과 강자의 이기심만이 가득한 현실이 이 나라에서 교회가 멸시를 당하고 하나님의 이름이 조롱 받는 가장 핵심적인 이유가 아닐까 생각된다. 하나님의 뜻을 교회의 프로그램 안에 넣는 과정에서 잃어버린 양에 대한 순수한 마음이 사라지고 교회의 나눔과 섬김이 일종의 목적을 위한 수단으로 전락해 버릴 때 하나님의 이름이 거룩히 여김을 받는 일은 참으로 어려워진다.

얼마 전 미국과 전쟁 중인 아프간에 한 교회에서 23명의 성도들이 떠났던 일을 기억할 것이다. 위험지역이기 때문에 여행을 자제하라는 경고를 무시하고 들어갔다가 탈레반 무장세력에게 납치 되어 두 명이 피살 되고 국가적으로 큰 어려움을 겪었다. 우리는 하나님께서 그들의 섬김과 순교의 피를 통하여 새로운 일들을 이루실 것을 기대한다. 그러나 교회가 깊이 생각해야 할 더 본질적인 문제는 다른 곳에서 나타났다. 사건이 터진 직후 각 인터넷 게시판에 기렸다는 듯이 기독교를 비난하는 수많은 글들이 올라왔다. 마치 홍수에 강물이 범람하듯 기독교를 멸시하고 경멸하는 비난들이 줄을 이었다. 이런 반응은 비단 아프간 사태만의 문제가 아니라는데 심각성이 있다. 교회의 부정이나 기독교 지도자의 비리가 보고되는 곳에는 기다렸다는 듯이 강도 높은 비난들이 쏟아진다. 아프간 사태 후에 나타난 현상도 그것들 중의 하나일 것이다.

이 일 후에 나타난 비난들을 대략 정리하자면 첫 번째 요지는 기독교인들의 미련함과 독선에 관한 것이었고 두 번째는 기독교인들의 순수하지 못한 사랑과 관련된 것이었다. 교회와 관련 기관에서 그들의 봉사가 선교를 목적으로 한 것이 아니라 순수한 의료봉사였다고 해명했지만 그 말을 믿는 사람들은 없는 것 같았다. 기독교를 비방하는 사람들 모두가 한 결 같이 봉사자들의 순수한 동기를 받아들이지 않았다. 심지어 아이들에게 과자 봉지 건네주는 것조차 전도를 위한 수단이라고 비난했다. 물론 그들의 비난이 정당한 것은 아니다.

그리고 그 비난이 지나친 것도 사실이고 기독교를 정확히 이해하지 못한 것도 사실이다. 그래서 우리는 그것이 기독교에 기본적인 악감을 가지고 있는 사람들의 일방적이고 무차별적인 비난이라고 치부해 버릴 수도 있다. 그러나 우리가 깊이 반성하며 돌아봐야 할 사실은 그들이 교회를 향하여 그런 생각을 갖게 하기에, 교회는 충분히 이기적이고 교활했던 것 또한 사실이라는 것이다. 교회가 하나님의 뜻을 행하는 것보다 교회의 이기적 목적을 달성하기 위해 지나치게 전략적이고 교활하게 행했던 것을 우리는 인정해야만 한다.

예수께서는 하나님의 뜻을 행하시면서 많은 사람들의 아픔에 동참하셨다. 히브리서 기자의 고백대로 그는 우리의 아픔을 몸으로 느끼신 분이셨다(히4:15). 병자들을 보시며 민망히 여기셨고(막1:41) 그 사랑의 동기로 그들을 고치셨다. 그 구원의 역사에는 어떤 조건이나 요구사항이 붙어있지 않았다. 예수님의 선한 행위와 구원사역은 무엇을 바라고 하신 것이 아니라 오직 그들을 향한 순수한 사랑과 하나님의 뜻을 행하고자 하는 열정만이 있었을 뿐이다. 예수께서는 병자들을 고치시며 자신의 제자가 되라고 요구하지 않으셨다. 오히려 집으로 돌아가 하나님께서 네게 어떤 일을 행하셨는지 증거 하라고 하셨다. 그러나 우리는 순수한 동기를 가지고 우리의 이웃을 돌보기보다 전도와 교인 만들기의 한 일환으로 선을 행하는 경우가 많다. 그래서 교인이 되는 조건으로 선을 행하고 교인이 될 경우에 한해서 도움을 준다. 그런 어그러진 사랑은 능력이 없다. 하나님의 뜻은 이런 어그러진 사랑이 아니라 순결하고 정직한 사랑이다. 오직 자기 자신을 버리는 순수한 사랑만이 능력을 나타내는 것이다. 예수 그리스도께서 하나님의 뜻 앞에서 고민하며 기도해야 했던 것(마26:41)은 그것이 자기 자신을 버리는 순수한 사랑을 요구하는 것이었기 때문이다.

하나님께서 우리를 구원하시고 자녀 삼으신 것은 자신의 세력을 마귀의 세력보다 확장시키시기 위해서가 아님을 우리는 너무나 잘 알고 있다. 하나님께서 우리를 구원하신 것은 자신을 위해서가 아니라 우리 인간들을 위해서였다. 우리 인간들이 마귀의 권세 아래 길 잃은 양과 같이 방황할 때 우리를 위해 자신을 버리신 것이다(요10:15). 그렇기 때문에 하나님의 사랑이 위대하고 능력이 있는 것이다. 하나님께서는 자신의 희생과 사랑을 수단으로 삼지 않으셨다. 그래서 하나님의 순수한 사랑과 희생이 우리를 구원하는 능력이 된 것이다. 하나님께서는 교회가 하나님의 이름으로 행해지는 모든 구제와 섬김 안에서 하나님을 위한다는 명목 아래 하나님의 사랑이 수단으로 전락하지 않기를 바라고 계신다.

잘못을 잘못으로 인정하는 순수한 회개, 사람을 사람으로서 사랑하는 순수한 사랑, 연약한 자를 마음으로부터 긍휼히 여기는 순수한 섬김이 회복될 때가 바로 하나님의 뜻이 이루어지며 하나님의 나라가 임하는 때이다. 우리는 때때로 회개조차도 우리의 목적을 이루기 위한 수단으로 사용하기도 한다. 책임을 회피하기 위해 회개를 이용하여 교묘하게 빠져나가기도 하고 회개를 이용하여 다른 사람에게 잘못을 덮어씌우기도 한다. 또한 회개를 자신의 신앙심과 정직함을 과시하기 위하여 사용하는 경우도 우리는 쉽게 볼 수 있다. 다른 사람을 향한 위로와 돌봄도 자신의 신앙심을 과시하기 위한 도구로 사용하는 경우조차 많다. 우리의 회개가 정직해지고, 우리의 사랑이 순수해 질 때 하나님의 뜻이 이루어질 것이다. 왜냐하면 예수 그리스도를 통하여 나타난 하나님의 뜻은 너무나 순수했고 정직했기 때문이다. 예수께서는 잃어버린 사람들을 향한 순수한 열정, 고통당하는 백성들을 향한 섬김과 돌봄을 하나님의 뜻이라고 하셨고 그 뜻 안에서 살아가셨다.

우리가 하나님의 뜻을 구하는 주님의 기도로 돌아갈 때, 그 때 하나님의 놀라운 구원의 역사가 시작된다. 한 개인의 전인적 삶의 회복, 즉 살롬이 회복되는 구원의 한 복판에 하나님의 뜻이 있다. 앞 장에서 살펴본 것과 같이 하나님의 나라가 임한 현장에 살롬의 회복이 있었다. 내가 성령을 힘입어 귀신을 쫓아내는 것이면 하나님의 나라가 이미 너희에게 임하였다(마12:28)는 예수 그리스도의 말씀처럼 마귀의 권세 아래 억눌려 고통 받는 하나님의 백성들에게 자유의 빛이 비춰지고 회복의 거룩한 영이 함께 할 때 그곳이 바로 하나님의 나라이고 하나님의 뜻이 이루어 진 곳이다. 이것이 바로 우리가 간구해야 할 하나님의 뜻이다.

2. 하늘에서 그리고 땅에서

"하늘에서 이룬 것 같이 땅에서도" 라는 구절의 헬라어 원문은 해석의 가능성을 크게 두 가지로 열어준다. 첫째는 '하늘과 땅에서' 이고 다른 하나는 '하늘에서와 같이 땅에서도' 이다. 하나님의 뜻이 하나님의 상징 영역인 하늘에서 이루어지고 인간의 상징 영역인 땅에서도 이루어진다. 또한 하늘에서 하나님의 뜻이 이루어져야 땅에서도 이루어진다. 이 기도는 이 두 가지의 뜻을 모두 포함하고 있다.

앞에서 살펴본 대로 하나님의 뜻은 하나님의 은혜와 불가분의 관계에 있다. 세리와 윤락여성들이 하나님의 나라에 먼저 들어가는 하나님의 뜻은 은혜가 아니면 이해할 수 없는 것이다. 우리는 예수께서 베푸신 비유들 가운데 이런 은혜에 관한 것들이 많다는 것을 잘 알고 있다. 집 나갔던 아들을 아무 조건 없이 받아들이시는 아버지(눅15:11-32), 겨우 한 시간 밖에 일 하지 않은 품꾼에게 하루치 품삯을 주시는 포도원 주인(마20:1-16), 잃어버린 한 마리의 양을 찾아 떠나는 목자(마18:12-14), 일만 달란트 빚진 자를 탕감하여 주는 임금에 관한 비유(마18:21-35) 등 많은 비유들이 그 전제 속에 하나님의 은혜를 말하고 있다.

더욱 주목 할 만 한 것은 하나님의 은혜에 대한 비유들은 하나같이 하나님의 은혜와 함께 그것을 받아들이지 못하는 기득권 세력에 대한 책망과 비난이 함께 존재한다는 것이다. 집 나갔던 동생을 받아들이지 못했던 형, 한 시간밖에 일하지 않은 사람과 동일한 대우에 불만을 품은 먼저 들어온 품꾼들, 남겨진 아흔 아홉 마리의 양, 일만 달란트를 탕감 받았음에도 불구하고 백 데나리온 빚진 자를 긍휼히 여기지 못하는 악한 종과 같이 하나님의 은혜에 관한 비유는 그 은혜를 이해하지 못하는 당시 유대 종교지도자들에 대한 책망을 포함하고 있다. 하나님의 은혜와 그 은혜를 오해했던 사람들에 대한 이해는 하나님의 뜻이 이루어지기를 구하는 간구와 매우 밀접한 관련이 있고 하나님의 은혜라는 것이 그 관계를 이해하는데 있어 핵심적인 요소이기 때문에 여기에서 살펴볼 필요가 있다. 특별히 '하늘에서와 같이 땅에서도' 라는 기도는 은혜가 가지고 있는 가장 핵심적인 특성이며 하나님의 나라를 이해하는 중요한 열쇠이기도 하다.

예수께서 하나님의 뜻을 행하시며 죄인들과 연약한 사람들을 구원하시고 그들을 살리신 것은 말 그대로 하나님의 은혜였다. 전적인 하나님의 선물로서 그들은 아무런 자격 없이 그 은혜를 받았다. 이 은혜에 대한 정확한 이해가 포도원 품꾼의 비유에 나타난다. 저녁 5시에 포도원에 들어와서 겨우 한 시간 일한 사람은 하루 품삯을 받을 자격이나 조건이 전혀 없었다. 그러나 주인은 그가 하루 품삯을 받아 가지 못할 경우 그의 가족이 굶주림에 고통 당해야 할 것을 알았기 때문에 그에게 은혜를 베푼 것이다. 이것이 바로 하나님의 뜻이었다. 자격 없는 품꾼에게도 그와 그의 가족의 생명을 위하여 온전한 품삯을 주는 것, 그래서 아무리 작은 자라 할지라도 버려지지 않는 것이 하나님의 뜻이었고 이것은 전적으로 하나님의 은혜 안에서 이루어진 것이다.

그러나 당시 소위 경건한 사람들은 이것을 이해하지 못했다. 그들은 예수께서 자기들과 같이 의롭게 살지 않는 '죄인들'을 부르시고 그들과 함께 하신다는 것에 대하여 열려있지 못했다(막2:16). 하지만 예수께서는 다른 어떤 제도나 규율이 아닌 하나님의 은혜를 통하여 하나님의 뜻이 나타나고 하나님의 나라가 임하는 것임을 많은 비유들을 통하여 가르치셨다. 은혜는 수혜자의 조건이나 자격과는 아무런 상관이 없다. 오직 주는 사람의 의지만이 있을 뿐이다. 받는 사람의 자격이나 조건이 끼어들게 되면 그것은 은혜가 아니라 거래 혹은 보상으로 전락하게 된다. 그런 의미에서 집 나갔던 동생, 한 시간 밖에 일하지 않은 품꾼, 길 잃고 헤매던 양, 일만 달란트를 탕감

받은 종은 말 그대로 하나님의 은혜를 받은 존재들이다.

우리는 은혜보다는 보상에 더 민감한 신앙을 가지고 있다. 사도 바울이 자신의 생을 정리하면서 하나님께서 면류관으로 씌워 주실 것이라고 고백한 것(딤후4:7-8)이 오해 될 때 우리는 은혜가 아니라 보상에 더 집착하게 된다. 바울은 하나님의 깊은 은혜를 알고 있었고 자발적이고 능동적으로 주를 위해 생명까지도 아낌없이 내어 놓은 사람이었다. 그가 하나님 앞에 헌신되고 충성되게 살아간 것은 보상을 바란 것이 아니라 하나님을 향한 사랑 때문이었다. 그가 면류관에 관하여 말한 것은 하나님의 신실하심에 관하여 언급하는 것이지 면류관이 하나님과의 거래나 하나님께 충성하는 동기임을 말한 것이 아니다. 바울은 하나님 앞에 그 은혜에 반응하여 충성하는 자들에게 하나님의 신실하심에 대하여 가르치며 면류관을 바라보게 한 것이다. 그러나 때로 우리는 하나님의 보상을 당연한 것으로 여기며 보상을 위해 하나님을 섬기고 보상이 없다면 하나님을 버릴 것처럼 말하곤 한다. 이것은 하나님의 은혜를 바로 이해하지 못한 결과로 생겨난 잘못된 신앙이다.

은혜라는 관점에서 볼 때 믿음이라는 것은 하나님께서 주신 은혜에 대한 반응이다. 그러므로 진정한 믿음은 하나님께서 주신 은혜, 즉 자격 없는 자에게 주어진 큰 긍휼에 대한 인식에서부터 시작되는 것이지 인간의 행위나 노력, 혹은 결단에서부터 말미암는 것이 아니다. 하나님의 은혜에 대한 인식이 결여된 믿음은 거짓된 믿음이고 행위로 구원을 얻으려는 인간 노력의 한 부분일 뿐이다. 진정한 믿음은 오직 하나님의 은혜에 대한 인식과 그에 대한 반응으로부터 시작된다. 여기에서 우리의 믿음이 벗어날 때 우리의 믿음은 하나님과의 미신적 거래로 전락하게 된다.

믿음은 오직 은혜로 말미암는다. 즉, 우리의 믿음이 하나님의 은혜를 불러내는 것이 아니라 하나님의 은혜가 우리의 믿음을 일으키는 것이다. 인간의 기도와 간구가 하나님의 응답을 불러내는 것이 아니라 인간을 향한 하나님의 긍휼하심이 인간으로 하여금 기도하게 한다는 것이다. 이것이 하늘에서 하나님의 뜻이 이루어지고 또한 땅에서 하나님의 뜻이 이루어진다는 말씀의 의미이다. 하늘에서 이루어진 하나님의 뜻에 대한 온전한 이해가 하나님의 뜻이 이 땅에서 이루어지게 하는 능력이 된다. 하나님께서 하늘에서 죄인을 있는 모습 그대로 사랑하신 것을 이해하고 받아들일 때 이 땅에서 죄인이 하나님의 사랑 가운데 거할 수 있게 되는 것이다. 이 땅에서 이루어진 하나님의 놀라운 은혜는 하늘에서 이미 이루어진 것이었다. 그것이 하나님의 뜻이다.

하나님의 은혜의 선행성과 그에 대한 반응으로서의 믿음을 잘 보여주는 글이 있다. 앤소니 드멜로라는 인도의 한 영성가가 쓴 〈종교박람회〉라는 책에 나온 비유이다.

"하늘나라는 두 형제가 즐겁고 만족하게 살다가 둘 다 하나님으로부터 제자가 되도록 부르심을 받게 된 것에 비길 수 있다."

형은 아낌없이 큰마음 먹고 부르심에 응했다. 비록 가족에게서, 또 결혼을 꿈꾸던 사랑하는 소녀에게서 마음을 찢어내야 하는 아픔은 있었지만, 필경은 먼 고장으로 떠나가 가난한 이들 가운데서도 가장 가난한 이들을 섬기기에 분골쇄신했다. 그리고 그 나라에서 박해가 일어나자 그는 체포되어 참소와 고움을 겪고 사형을 당했다.

그가 죽자 주님께서 말씀하셨다 : "잘했다, 착하고 충성된 종아! 너는 나에게 천 달란트로 섬겼다. 나 이제 너에게 억 달란트를 상으로 주리라. 네 주님의 기쁨 속으로 들어오라." 아우의 응답은 그리 아낌없이 큰마음이 못 되었다. 그는 부르심을 못 들은 척, 처음 마음먹은 대로 사랑하는 소녀와 결혼하여 행복한 결혼을 즐겼고, 사업에 성공했으며, 명사에다 부자가 되었다. 종종 거지에게 동냥도 주고, 처자식들을 상냥하게 돌보았다. 더러 약간의 돈을 먼 나라에 간 형에게 부치기도 했다. "그곳 불쌍한 이들을 위해 형님이 하시는 일에 조금이나마 도움이 되기 바랍니다." 이렇게 함께 적어 넣기도 하는 것이었다.

그리고 이번에는 그가 죽자 주님께서 말씀하셨다 : "잘했다. 착하고 충성된 종아! 너는 나에게 열 달란트로 섬겼다. 나 이제 너에게 억 달란트를 상으로 주리라. 네 주님의 기쁨 속으로 들어오라." 아우가 자기와 똑같은 상을 받는다는 말씀에 형은 자못 놀랐다. 그리고 기뻐했다.

"주님 제가 혹시 다시 태어나 한 평생을 거듭 살게 된다 해도, 제가 주님을 위해 행했던 그대로 똑같이 행하겠나이다."

하나님의 은혜와 그 은혜에 반응한 믿음을 너무나 잘 보여주는 비유이다. 이런 믿음을 가진 사람이 하나님의 뜻을 따를 수 있다. 예수께서 이 땅에서 사역하실 당시 유대 종교지도자들은 이러한 하나님의 은혜를 알지 못하였기 때문에 하나님의 뜻에 거스르는 모습으로 예수 그리스도의 적대자가 될 수밖에 없었다. 그들은 죄인까지도 사랑하시는 하나님의 마음을 알지 못한 것이다. 형처럼 충성되게 하나님을 섬기지 못했지만 그런 동생도 사랑하시고 풍성한 잔치에 불러주시는 것이 하나님의 뜻이고 그것이 하나님의 은혜였는데 유대종교지도자들은 그것을 이해하지 못했다.

사실 이 비유에 나오는 형은 믿음이 대단한 사람이거나 훈련이 잘 된 것이 아니다. 성품이 온유하거나 천성적으로 인내심이 강한 사람도 아니다. 그저 형은 하나님의 은혜를 알았고, 그 은혜의 선행성, 즉 뜻이 하늘에서 먼저 이루어진 것을 알았을 뿐이다. 자신이 땅에서 이룬 행위나 업적으로 하늘에서 하나님의 은혜가 주어진 것이 아니라 하나님의 은혜가 있었기 때문에 자신이 그렇게 행할 수 있었다는 것을 안 것이고 그렇기 때문에 역으로 행위에 근거하지 않고 전적으로 하나님의 은혜에 근거하여 하나님의 잔치에 참여하게 된 동생을 기뻐할 수 있었던 것이다.

그래서 바른 믿음은 하나님의 은혜로부터 시작되어야 한다. 이 말은 우리가 믿음을 갖게 된 것도 하나님의 은혜라는 의미를 넘어서는 것이다. 물론 우리의 믿음도 하나님께서 주신 것이라는 고백은 매우 중요한 것이고 그 중요성이 조금도 훼손되어서는 안 된다. 그러나 우리가 한 가지 더 살펴야 하는 것은 하나님의 은혜에 대한 실존적 경험이다. 하나님께서 우리에게 믿음을 선물로 주신다는 것뿐만 아니라 하나님께서 우리의 모든 삶의 영역 가운데 역사하시고 우리를 구원하시는 분이심을 '경험' 할 때 우리의 믿음이 바로 설 수 있게 되는 것이다. 우리의 신념이나 종교적 교리에 대한 지적 동의는 우리를 바른 믿음, 능력 있는 역동적 믿음으로 인도할 수 없다. 오직 하나님의 은혜에 대한 경험적 인식만이 우리를 참 믿음으로 인도할 수 있다.

또한 하나님과의 거래나 기복적 맹신 또한 바른 믿음이 아니다. 이런 믿음들은 개인의 내면에서부터 시작하여 하늘의 뜻을 움직이려 하는 시도들이다. 참 믿음은 하늘에서 시작하여 땅에 있는 우리가 변화되는 것이다.

예수께서 삶의 현장 속에서 고쳐주시고 구원하신 많은 사람들의 모습 속에서 우리는 이 사실을 더욱 확실하게 알 수 있다. 예수께서는 병든 사람들이나 사회적 문제 속에 있던 많은 사람들을 고치시면서 그들에게 아무것도 요구하지 않으셨다. 그저 하늘의 은혜로 그들에게 부어주신 것이다. 그러나 은혜에 대한 그들의 실존적 경험을 통하여 그들은 하나님에 대한 믿음을 가지게 되었고 예수 그리스도를 따르는 제자로 거듭나게 되었다. 하나님의 나라가 큰 권능으로 임하신 것이다.

우리는 흔히 전도할 때 하나님의 크신 은혜를 전하고 기쁜 소식을 전하기보다 인간의 내면적 결단이나 확신에 중점을 두는 경우가 많다. 그것은 예수 그리스도를 모르는 사람들에게 마치 자신의 결정이 하나님의 은혜를 유발시키는 것으로 은연중 전달되게 한다. 그래서 그렇게 생겨난 믿음은 사도바울이 율법적 행위를 통한 구원을 반대하여 강조한 믿음에 역행하여 일종의 행위로서의 믿음이 되는 것이다. 전도가 하나님의 현재적 다스리심에 대한 선포가 아니라 교리의 전달로 전락할 때 하나님의 뜻은 가려지고 바른 믿음이 세워지기 어려워지는 것이다.

　또한 그릇된 믿음은 개인의 차원뿐만 아니라 공동체 안에도 문제를 일으킨다. 은혜의 기초 위에 세워지지 않은 믿음은 공동체의 연합에 큰 문제가 된다. 교회에서의 섬김과 봉사를 자기 믿음의 부산물쯤으로 여기는 사람들은 자기보다 연약한 사람들을 너무 쉽게 정죄하고 판단하는 경향이 있다. 자신의 섬김과 봉사가 하나님께서 주신은혜에 대한 감사의 반응에서 나타난 것이 아니라 자기 믿음의 증빙자료로서 사용되기 시작할 때 그 공동체는 바르게 설 수 없다. 사회적으로 소외된 약자들이 교회를 멀리하고 찾지 않으려는 이유가 바로여기에 있다. 교회가 하나님의 백성들로서 하나님의 은혜가 흘러나는 곳이 아니라 개인의 믿음의 전시장으로 변질될 때 교회는 하나님나라로서의 모든 기능을 상실하게 된다. 교회에서 각 개인들의 믿음에 대한 증빙자료들이 넘쳐날 때 하나님의 은혜는 잊혀지고 그 곳에잃어버린 자들을 향한 하나님의 뜻은 이루어 질 수 없게 되는 것이다.

　우리는 하나님의 뜻이 이루어지기를 기도해야 한다. 물론 이기도는 하나님의 나라가 임하기를 간구하는 기도의 부연설명으로서하나님의 나라가 이루어지는 곳에 하나님의 뜻이 이루어지고 하나님의 뜻이 이루어지는 곳이 곧 하나님의 나라임을 말해주는 것이다. 그러나 또한 우리는 하나님의 뜻이 이 땅에서 이루어지도록 하늘에서먼저 이루어진 하나님의 뜻을 깨달아야 한다. 은혜 가운데 계시되는하나님의 뜻은 인간이 스스로의 노력이나 공로로 수정할 수 없다. 죄인을 사랑하시기로 한 하나님의 뜻 때문에 우리가 구원을 받은 것이다. "우리가 아직 죄인 되었을 때에" 우리를 위하여 십자가에 달리신 그리스도(롬5:8)를 믿음으로 우리가 구원을 얻은 것이지 우리가 하나님께 우리의 의를 드려 구원 얻은 것이 아님을 기억해야 한다.

3. 초점의 이동

뜻이 하늘에서와 같이 땅에서도 이루어지기를 바라는 기도에서 우리가 한 가지 더 주목해야 할 것은 이 기도의 궁극적 초점이 땅에 맞춰져 있다는 사실이다. 하나님의 뜻이 이 '땅'에서 이루어지기를 구하는 것이 이 기도의 핵심이다. 여기에 이 기도의 중요성이 다시 한 번 부각된다. 이것은 우리의 궁극적 관심이 어느 곳에 이어야 하는가를 말해준다. 우리는 하늘을 바라보고 사는 사람들이다. 이 땅에 묶여 땅의 것을 추구하며 사는 사람들이 아니다. 그러나 또한 우리는 궁극적으로 이 땅에 이루어질 하나님의 뜻을 소망하며 사는 사람들이고 이 땅에 우리의 초점을 맞추고 살아야 하는 사람들이다. 우리는 하늘의 영광을 기억해야 하지만 갈급한 이 땅의 부르짖음을 들어야 한다. 물론 하늘을 바라보는 것과 땅을 바라보는 것은 분리할 수 없는 동전의 양면과 같은 것이다. 그러나 우리가 유의해야 할 것은 어디에 초점을 맞추고 있는가에 따라서 한 개인과 사회의 삶의 형태와 질이 달라진다는 점이다.

예수 믿으면 구원을 얻는다는 말과 예수를 믿지 않으면 멸망당한다는 말은 동전의 양면과 같이 분리할 수 없는 사실이지만 둘 중 어느 것에 초점을 두고 전하는가에 따라서 그 전도는 전혀 다른 것이 된다. 또한 전하는 사람의 삶도 마찬가지로 어느 것에 시선을 고정하고 있는가에 따라서 그의 삶이 결정되게 되어 있다. 만약에 우리가 믿지 않음으로 인하여 멸망당한다는 사실에 우리의 관심이 집중되어 있다면 우리의 전도는 두려움을 자극하는 것이 되기 쉽다. 그런 사람의 내면에는 늘 두려움이 존재하기 때문에 하나님을 향한 순수한 사랑이 자리하는 것은 매우 어려운 일이다. 그런 사람들의 회개 또한 두려움에 의한 비굴한 굴종이 되기 쉽다. 그러나 하나님께서 원하시는 회개는 굴종이 아닌 하나님의 큰 사랑 앞에 굴복하는 것이다. 두려움 앞에 비겁하게 엎드리는 것이 아니라 사랑 앞에 자발적으로 엎드리는 것이 진정한 회개인 것이다. 사랑 안에는 두려움이 없다(요일 4:18). 두려움은 우리를 사랑으로 인도하지 못하고 진실한 회개를 이루어내지도 못한다. 이렇듯 하나님을 향한 우리의 태도는 대부분 우리의 초점이 어느 측면에 맞추어져 있는가에 따라 결정된다.

하나님께서는 우리의 기도와 삶이 이 땅을 향해 있기를 원하신다. 그러나 우리는 때때로 하늘을 바라본다는 명목 아래 이 땅을 소외시키곤 한다. 예수께서 바리새인들을 책망하시며 '고르반'에 관하여 말씀하신 것이 바로 그러한 예이다. 바리새인들은 하늘을 바라보고 하늘의 뜻을 좇아 살았다. 그러나 안타깝게도 땅을 향한 삶을 살지는 못했다. 그들은 땅에 있는 부모에게 드려야 할 것들을 하늘에 계신 하나님께 드린다는 명목으로 부모를 저버렸다. 그것이 아람말로 고르반이다. 하나님을 섬기고 하늘의 것을 추구한다는 미명아래 땅을 소외시키고 땅을 향한 관심을 저버린 것이다. 예수께서는 땅을 향한 관심과 책임을 저버린 채 하늘만을 바라본다고 하는 그들을 향하여 외식하는 무리라고 책망하셨다(막7:6-13). 요한일서에서도 보이는 형제를 사랑하지 못하면서 보이지 않는 하나님을 사랑한다고 말하는 것은 거짓이라고 엄히 경고하고 있다(요일4:20).

땅의 갈망을 이해하고 땅을 사랑하며 그 땅에 하나님의 뜻이 이루어지기를 기도하며 그 기도대로 살아가는 것은 사실 매우 어렵고 때로는 지루한 과정이다. 그런 삶이 저절로 이루어지는 것이 아니다. 그래서 많은 사람들이 그 어려운 과정을 피해 하늘로 도망간다. 거기에는 땅에서 이루어지는 힘겹고 지루한 싸움이 없는 것 같이 느껴지기 때문이다. 그러나 하나님께서 우리에게 원하시는 것은 메마르고 굳어 버린 이 땅에 하나님의 뜻이 이루어지도록 기도하는 삶인 것이다. 하나님께서는 우리가 땅을 버리고 하늘로 피난해 버리기를 원하시지 않는다. 때로 우리는 사람들과의 관계에서 상처를 받거나 어려움에 부딪히면 거기에서 도망쳐 하늘로 숨어버린다. 그리고 그 사람들과의 관계를 끊어버리고 말하기를 하나님께서 해결해 주셨다고 말하기도 한다. 그러나 그것은 해결이 아니다. 진정한 해결은 도망이 아니라 하나님께서 인간과 화목하신 것처럼 우리가 서로 화목해지는 것이다. 뜻이 하늘에서 이룬 것처럼 땅에서도 이루어져야 하는 것과 같이 말이다.

구약 아모스 선지자가 당시 성전 제사를 비난하며 공의와 공평을 강조했던 것은 이런 맥락에서 잘 이해된다. 아모스 선지자가 제사에 관하여 책망했던 것은 제사를 드리는 사람들이 성심을 다해 제사를 드리지 않았던 것이라기보다는 제사 자체였던 것으로 보인다. 아모스 당시 북이스라엘의 상황은 몹시 혼란하였다. 극심한 빈부의 격차와 권력을 가진 부자들의 착취로 이루 말할 수 없는 아픔이 사회를 휩쓸고 있었다. 사회적 불안이 커짐에 따라 사회적 약자들의 불안을 잠재우기 위하여 종교지도자들과 부유층 인사들은 더 많은 제사를 드렸다. 그 제사를 통하여 하나님께서 그런 소요를 잠재워 주시기를 기도했을 것이다. 그리고 그들은 그렇게 자주 제사 드리는 것으로 만족하며 기쁨을 삼았다(암4:4-5). 그러나 그들은 그들의 땅에서 고통 받는 가난한 사람들에게는 관심이 없었다. 오히려 제물을 잡아 드리던 손으로 가난한 자들을 학대하였다(암5:11). 땅을 향한 책임과 기도는 사라지고 오직 자기들이 좋아하는 대로 하늘을 향하여 제사 드리며 그 나라를 든든히 세워달라고 간청하던 사람들에게 아모스는 오직 공법과 정의를 요구한 것이다. 땅을 향한 관심과 사랑이 결여된 손쉬운 제사는 하나님 보시기에 가증한 것이기 때문이다(암5:22).

이것은 단지 주전 8세기의 이야기만이 아니다. 지금 우리는 부흥을 갈망하는 수많은 간구와 예배를 보게 된다. 한국교회가 다시 한 번 부흥을 맞이하기 위해 더 많은 예배들이 기획되고 진행되는 것을 본다. 그러나 이런 예배에 대한 관심만큼 이 땅의 부르짖음과 갈망에 대한 관심은 증가하지 않는 것 같다. 오히려 예배에 방해된다는 이유로 연약한 사람들을 더욱 궁지로 몰아넣는 경우를 자주 접한다. 물론 예배는 매우 소중하고 중요한 것이다. 어느 누구도 예배의 중요성을 폄하해서는 안 된다. 그러나 그 예배가 이 땅을 향한 간구와 가슴앓이를 저버린 손쉬운 선택으로서의 도피라면 그 예배는 하나님 앞에 아무런 의미가 없다. 아모스 선지자가 지금 한국 땅에 온다면 무어라 외치겠는가? 내가 너희 예배를 미워하며 저희 집회들을 멸시하고 너희의 행사들을 기뻐하지 아니한다. 네 노래 소리를 그치고 오직 공법과 정의를 물 같이 흐르게 하여라(암5:21-24) 하고 말하지 않을지 깊이 새겨 보아야 한다.

하나님의 나라는 우리에게 이 땅의 현실을 보는 눈을 뜨게 한다. 그리고 그 현실 안에서 전능하신 하나님의 초월적 능력을 간구하게 하고 더 나아가 그 능력을 경험하게 한다. 하나님의 나라는 이 땅에 살아가는 하나님 백성들의 모든 아픔을 가슴에 품게 한다. 그리고 그 긍휼의 가슴으로 하나님의 뜻이 이 땅에서도 이루어지기를 간구하게 한다. 우리의 관심의 영역이 땅에서부터 도망하여 하늘로 숨어들어갈 때, 그것은 손쉬운 선택이 될지도 모르지만 그런 신앙은 이기적이고 개인적이며, 기복적인 신앙으로 전락하기가 쉽다. 우리의 신앙이 현실에 뿌리를 내릴 때 그 안에서 역사하시는 하나님의 능력을 경험하게 된다.

너희는 먼저 그의 나라와 그 의를 구하라. 그리하면 이 모든 것을 너희에게 더하시리라(마6:33)는 말씀은 우리의 초점을 하나님의 나라와 그 정의에 맞출 것을 요구한다. 이 말씀은 우리의 관심을 세속적 영역에서 하나님의 거룩한 영역으로 옮기라는 말씀이다. 그러나 이 말씀은 삶의 영역을 땅에서 하늘로 옮기라는 말씀이 아니다. 오히려 이 말씀은 세속화 되어 있는 하늘에서 땅으로 내려오라는 말씀이다. 하나님 앞에 나와 오직 먹을 것, 입을 것, 출세, 성공, 개인적 경건만을 위하여 하늘을 찾는 것이 바로 세속화 된 하늘의 영역이다. 예수께서는 오히려 우리의 관심 영역을 하나님의 뜻이 이루어지는 이 땅으로 옮기고 그 땅을 향하여 겸손히 몸을 숙이라고 말씀하신다. 하나님의 나라 안에서 하나님의 백성들이 회복되고 생명을 얻고, 가난한 자, 병든 자,

슬픈 자, 갇힌 자 할 것 없이 모두가 예수 그리스도의 이름으로 구원 얻는 그 나라를 구하는 것이 예수께서 진실로 원하시는 삶이다.

지금까지 우리는 하나님의 뜻이 예수 그리스도의 삶과 인격 안에서 어떻게 나타났는지를 살펴봤다. 우리가 주기도에서 발견하는 하나님의 뜻은 세계선교와 같은 거시적인 문제가 아니다. 하나님의 뜻은 우리가 매일같이 살아가며 겪는 우리의 삶의 문제이고 하나님은 그 안에서 역사하신다. 지금도 우리 주변에는 '작은 자', '세리와 윤락여성'들이 있다. 그리고 그들은 하나님의 뜻이 그들의 삶 안에서도 이루어지기를 간절히 바라고 있다. 하나님께서 우리를 사랑하시는 것과 같이 그들도 사랑하신다면 하나님의 구원하시고 생명을 주시는 거룩한 뜻이 그들의 땅에서도 이루어지기를 바라고 계신다면 그것은 우리의 기도를 통하여 성취될 것이다. 하나님의 사랑을 먼저 경험한 우리의 삶의 초점이 그곳을 향해 있을 때 하나님의 뜻이 열매를 맺게 될 것이다.

서두에서도 언급했듯이 이 기도는 주기도의 전반부와 후반부를 이어주는 역할을 한다. 하늘에서 이루어진 하나님의 뜻이 땅에서 이루어지기를 구하며 이 땅에서 실제로 하나님께서 이루시는 것이 무엇인지, 그리고 우리가 하나님의 뜻을 좇아 행해야 하는 것이 무엇인지가 이어서 나온다. 그것이 바로 '우리에게 일용할 양식을 주옵소서'와 '우리가 우리에게 죄 지은 사람을 용서하오니 우리의 죄도 용서하여 주옵소서'라는 기도이다. 우리가 살아가는 우리의 삶 가운데 하나님의 뜻이 이루어지기를 기도할 때 우리의 일용할 양식과 서로의 관계 가운데 생겨난 죄의 문제가 해결 될 것이다.

6장

나의 미래와 그의 현재

　　로마서가 전반부(1장-11장)는 교리에 관한 이론적 설명으로, 후반부(12장-16장)는 믿음 안에서의 삶에 대한 실천적 부분으로 되어 있는 것과 비슷하게 주기도 또한 크게 볼 때 두 부분으로 나뉘어져 있다. 주기도의 전반부는 '하늘에 계신 우리 아버지'라는 서론과 '이름이 거룩하게 되어지소서', '나라가 임하소서', '뜻이 하늘에서와 같이 땅에서도 이루어지소서'라는 간구로 되어 있고 후반부는 '오늘 우리에게 양식을 주소서', '우리가 우리에게 빚진 사람을 탕감하여 준 것처럼 우리의 빚도 탕감하여 주소서'와 결론의 역할을 하는 '우리를 시험에 들게 하지 마소서'로 되어 있다. 이 전반부와 후반부를 이어 주는 것이 '하늘에서 이루어진 것과 같이 땅에서도'라는 구절이다. 전반부가 하나님 나라를 구하는 기본적 간구라면 후반부는 하나님의 나라 안에서 실제로 이루어져야 할 구체적인 삶의 모습을 말하고 있다.

　　후반부는 일용할 양식을 구하는 것과 죄 용서에 관한 두개의 간구와 주기도의 결론적 역할을 하는 시험에 들지 않게 인도하시기를 구하는 것으로 구성되어 있다. 사실 일용할 양식의 문제와 죄의 문제는 하나님의 나라를 세우고 있는 두 개의 기둥과 같은 역할을 한다. 하나님의 나라에서 가장 핵심적으로 우리가 인식하고 해결해야 할 문제가 바로 이 일용할 양식과 죄의 문제이다. 마치 기독교가 '하나님 사랑'과 '이웃 사랑'이라는 두 가지 명제로 요약되는 것과 같이 하나님의 나라는 '일용할 양식'과 '죄의 용서'로 세워진다. 예수 그리스도의 가르침 안에 물질에 대한 태도와 하나님을 신뢰하는 것, 그리고 용서와 죄에 관한 문제가 지속적으로 나타나는 것은 이런 이유이다. 우리는 이어지는 기도를 통하여 하나님의 나라가 우리의 삶에 구체적으로 어떻게 임하는지 볼 수 있다.

1. 주기도 공동체

BC 300년부터 AD 100 년까지 이스라엘은 가장 많은 변화를 겪어야만 했다. 급격한 헬라문화의 유입과 통치자들의 정권교체 등의 한 복판에서 이스라엘은 내부적으로 심한 갈등을 겪으면서 외부적으로는 핍박과 압제 속에서 유대 신앙을 지켜내야만 했다. 이미 2장에서 언급했듯이 이런 급변하는 상황 속에서 그들은 하나님의 다스리심에 대하여 갈망하며 신앙의 끈을 놓지 않았다. 이것은 어쩌면 당연한 일이고 반면 기적 같은 일이었다.

헬라문화의 유입과 함께 가이사랴 빌립보, 디베랴, 세포리스 등과 같은 그리스식 도시들이 팔레스타인 곳곳에 세워졌다. 헬라식 체육관들이 생겨났고 거기서 많은 경기들이 진행되었다. 우리가 잘 알다시피 이런 경기들이 올림픽의 모체이다. 남성들을 중심으로 진행되었던 이 경기들은 나체로 진행되었고 필연적으로 할례는 헬라인들과 그 문화의 추종자들에게 조롱거리가 되었다. 그래서 이 때 할례를 원상태로 복원하는 사람들도 많이 생겨났다.

이런 급변하는 상황 속에서 우리가 이번 장에서 주의 깊게 살펴보아야 하는 것이 경제구조의 변화이다. 이스라엘은 본래 유목민이었다. 이스라엘 민족은 하나님께서 아브라함을 부르신 이래로 줄곧 유목민으로서 이곳저곳을 떠돌아다니며 살았다. 이들이 가나안에

정착하면서부터 농경생활이 시작되었는데 유목민적 생활에서 농경
민으로 전환하는 중 많은 갈등과 문제들이 생겨났다. 하나님을 섬기
는 야훼신앙의 내용과 형식들은 이스라엘의 유목민적 삶을 토대로
생겨난 것들이기 때문에 유목민에서 농경생활로의 전환에 문제는 불
가피 했다. 야훼 하나님을 섬기는 가운데 유목민으로서의 삶에서는
아무런 문제가 되지 않던 것들이 농경생활을 시작하면서부터 문제가
되기 시작했다. 물론 그들은 많은 제의와 신앙의 내용들을 농경생활
에 맞게 적용시켜 나갔지만 그 가운데 많은 갈등들은 해결되지 않은
채로 남아있었다.

가장 문제가 되었던 것은 바알 숭배의 위협이었다. 바알 종교
는 농경생활의 토대에서 생겨났기 때문에 이스라엘 백성에게는 낯선
것이었지만 농경생활에는 더 적합한 종교로 비쳐졌고 그들에게 매력
적으로 보였을 것이다. 농경생활을 배경으로 생겨난 바알신앙은 다
산과 풍요를 그 중심 사상으로 하고 있다. 제의 안에서 성창(聖娼)들
을 통해 이루어지는 성적 결합은 다산과 풍요를 상징적으로 보여주
는데 이를 통하여 바알 종교는 물질적 풍요를 기원하고 다산을 통하
여 부를 축적하는 것을 최고의 목표로 삼았다.

이스라엘의 가나안 정착 초기부터 이 바알 종교는 늘 이스라엘
을 유혹하였고 이스라엘의 수많은 예언자들은 이스라엘 백성들의 바
알 숭배와 맞서 싸워야 했다. 이스라엘의 바알숭배는 단순한 우상숭
배의 문제가 아니라 풍요와 번영이라는 문제를 포함하고 있는 것이
었기 때문에 그 싸움은 더 치열하고 복잡한 것이었다. 바알과의 싸움
은 늘 농경생활과 유목민적 생활의 대결로 나타났다. 유목민적 삶이

오직 야훼 하나님만을 신뢰하는 것을 상징한다면 농경생활은 삶의 안정감을 물질적 풍요에 두고 있는 것을 의미한다.

　　바알과 맞서 이스라엘의 유일신 신앙을 지켜냈던 대표적인 선지자가 엘리야이다. 갈멜산에서 있었던 엘리야와 바알선지자들의 대결은 유목민적 야훼신앙과 농경문화의 바알신앙이 대결한 너무나 유명한 이야기이다(왕상18장). 엘리야가 바알선지자들과의 대결에 앞서 가뭄을 예언하고 대결 후에 하나님께서 비를 내리신 것은 우연이 아니다. 그 대결은 땅의 풍요와 물질적 번영을 약속하는 바알이 아무 능력이 없음을 보여주는 사건이었다. 그리고 바알과 땅의 풍요를 의지하던 백성들을 향하여 오직 의지할 분은 야훼 하나님뿐이심을 보여준 것이다. 이 사건을 통하여 성경은 비가 내리지 않아 말라 죽어가는 식물들 앞에 바알이 아무것도 할 수 없음을 극명하게 보여주고 있다. 가물게도 하시고 비를 주시기도 하는 분은 야훼 하나님이시기 때문에 야훼 하나님을 섬길 때 진정한 생명이 있음을 보여주는 것이 이 사건의 핵심 메시지인 것이다.

　　그 이후 바알신앙에 관한 문제는 어느 정도 해결이 된 것 같이 보인다. 그러나 더 심각한 문제는 BC300년 이후 팔레스타인의 헬라화와 함께 드러났다. 헬라 도시들의 등장과 함께 비교적 안정을 이루고 있던 전통적인 경제구조가 무너진 것이다. 그나마 균형을 이루고 있던 경제적 상황은 악화되어 부익부 빈익빈 현상이 두드러지게 나타났다. 과도한 세금 납부에 흉년이라도 들게 되면 자산계층이 무너지는 것은 시간 문제였다. 자산계층이 세금을 납부할 능력을 상실하게 되면 그 사람은 소작농으로 전락하게 되고 그 마저도 어려워지면 일용직 품꾼으로 생계를 꾸려갈 수밖에 없게 된다. 그것도 어려워진 사람들에게 남겨진 최종 선택은 종이 되거나 고향을 떠나거나 도시 거지가 되는 것이었다. 그런 와중에서 대부호들이 늘어갔고 중산층이 몰락하며 가난한 사람들이 사회의 대부분을 차지하게 되었다.

예수께서 베풀어 주신 비유들에는 이러한 사회적 상황들이 매우 잘 담겨있다. 많은 채무를 지고 있는 종의 비유(마18:23-35)에서 최악의 상황에 몰린 몰락한 사회계층의 이야기가 나타나고 있다. 포도원 농부의 비유(마21:33-46)에서는 큰 포도원을 소유하고 있는 지주와 그 소작농들에 관하여 말하고 있다. 또한 포도원 품꾼의 비유(마20:1-16)에서는 일용직 품꾼이 나타나고 그들은 그 마저도 자리가 없어 저녁까지 일자리를 찾지 못하고 놀고 있는 모습이 드러난다. 이 외에도 예수의 비유 안에는 그 당시의 사회 경제적 상황이 매우 잘 드러나고 있다. 많은 지주들이 등장하여 자신의 땅을 관리인들에게 맡기고 재산을 늘려갔으며 몰락한 자산계층은 소작인이나 일용직 노동자로 전락하였다. 포도원 품꾼의 비유에서 나타나듯이 일용직 품꾼들에게조차 일자리가 늘 보장된 것이 아니었다. 경제적으로 몰락한 계층이 급속히 늘어났기 때문에 많은 사람들이 일용직 노동시장에 몰렸고 능력이 적은 사람들에게는 일용직 자리를 얻는 것 마저 쉽게 허락되지 않았다. 결국 그들은 고향을 떠나 디아스포라가 되어 다른 나라에 가서 살거나 도시 빈민으로 거지가 되거나 그것도 아니면 다른 사람의 종이 되었다. 심지어 다른 사람의 종이 되는 것조차도 아무에게나 허락된 호사가 아니었다. 다른 사람의 종이 되는 것이 거지나 일용직 노동자가 되는 것보다 어떤 면에서는 나은 선택일 수도 있었다. 부자와 거지 나사로의 비유(눅16:19-31)는 예수님 당시 가난한 거지들이 많았음을 우리에게 잘 보여주는 예이다.

몰락한 계층의 일부는 도둑이 되거나 강도가 된 사람들도 있다. 열심당원에 속한 사람들 중 상당수는 이런 사회적 문제에 불만을 품고 고향을 떠난 몰락계층들이다. 그들이 급진적이고 혁명적인 하나님의 나라를 추구하며 무력으로 그것을 쟁취하려 했던 한 가지 이유가 여기에 있다. 그들에게 주어진 현재의 사회는 결코 내버려 두어서는 안 되는 것이었다. 무력적 방법을 통해서라도 사회를 뒤집고 정치적 독립을 추구해야 할 만큼 그들의 자리는 벼랑으로 내 몰려 있었다.

막강한 부자들의 출현과 사회 전반의 경제적 몰락, 가난한 자들의 집단적 출현으로 인한 사회적 문제들이 주님이 가르쳐주신 기도를 함께 고백하던 공동체가 가지고 있던 과제였다. 초기 주의 기도를 함께 드리며 모였던 기독교 공동체는 빈부의 격차와 그로 인한 사회적 문제들을 복음으로 해결하고 그에 대한 대안을 찾아야 했다. 초대교회가 사도행전에서 나타나는 것처럼 서로 쓸 것을 통용하고 자기 물건에 대한 소유권을 주장하지 않는 모습으로 나타난 것(행4:32)은 어쩌다 이루어진 일이 아니라 이러한 사회적 상황을 배경으로 하고 있는 것이다. 가난한 자들에 대한 문제와 지나친 빈부의 격차, 그리고 그로 인한 사회적 문제들이 복음 안에서 해결되고 그 안에 하나님의 나라가 임함으로 진정한 하나님나라 공동체가 형성 된 것이다. 그들은 '오늘 우리에게 일용할 양식을 주소서' 라는 기도를 함께 드리며 하나님의 뜻을 이루어갔다.

예수께서 살아가셨던 시대와 초대교회 시대의 이런 상황은 지금 우리가 살아가는 사회적 상황과 결코 무관하지 않다. 아니 두 시대의 사회적 상황이 매우 유사하다는 말이 더 정확할 것이다. 지금 우리나라는 복잡한 국제정세 가운데 심각한 경제적 위기를 맞고 있다. 부동산 값은 하늘 높은 줄 모르고 올라 온 국민이 부동산에 광란적으로 몰려들고 있다. 돈 있는 사람들은 부동산을 통하여 더 큰 부자가 되고 있다. 아파트 한 채 값이 서민의 평생 벌이보다 더 비싸다. 바꾸어 말하면 집 한 채 팔아 평생 먹고 살 돈이 생긴다는 것이다. FTA를 필두로 하여 미국식 신자유주의 경제체제가 우리나라를 압박하고 있다. 능력 있는 사람은 더 큰 부자가 될 수 있고 가난한 사람은 그 가난을 면하는 것이 몇 배는 더 어려워지고 있다. 90년대 중반 불어 닥친 IMF는 중산층을 몰락시켰고 사회의 빈민층을 증가시켰다. 놀라운 것은 그런 경제적 위기 속에서 더 큰 부자들이 생겨났다는 것이다. 한마디로 극심한 빈부의 격차가 사회의 전반적 현상이 되었고 그런 현상은 계속 지속될 것으로 전망된다.

경제적 위기 가운데, 더 나아가 극심한 빈부의 차이로 인한 사회적 문제 가운데 예수께서, 그리고 초대교회가 '우리의 일용할 양식'을 구했던 것과 같이 지금 우리는 우리의 일용할 양식을 구해야 한다. 초대교회가 사회적 문제를 끌어안고 복음의 능력으로 그것들을 해결해 나간 것과 같이 지금 우리도 하나님의 나라를 구하며 복음의 능력으로 우리 안에 있는 문제들을 바라보아야 한다. 우리가 우리의 일용할 양식을 구하기 시작 할 때 하나님 나라의 임재가 우리의 삶 속에 구체적으로 그 모습을 드러낼 것이다.

2. 광야의 삶

성경에서 주기도는 두 곳에 나타난다. 마태복음과 누가복음이 주기도를 보여주고 있는데 두 본문이 약간의 차이점을 가지고 있다. 우리가 지금 살펴보고 있는 양식청원에서도 두 본문은 차이점을 보여준다. 양식청원 기도는 '오늘 우리에게 일용할 양식을 주옵소서'라고 되어 있는데 여기에서 '일용할'이라는 단어의 해석이 문제가 된다. 이 단어는 복음서와 초기 기독교 문서 외에서는 나오지 않아 정확한 뜻을 알 수 없기 때문이다. 여러 가지 해석의 가능성이 있지만 대부분의 학자들이 마태복음과 누가복음의 본문을 비교하여 분석한 결과 개역성경에서 번역한 '일용할'의 뜻을 '그 날의' 혹은 '내일의'로 해석하는 것에 동의한다. 그래서 이 구절을 번역하면 '오늘 우리에게 오늘의 양식을 주소서' 혹은 '오늘 우리에게 내일의 양식을 주소서' 정도로 할 수 있다. 개정된 주기도문은 '오늘 우리에게 일용할 양식을 주시고'로 번역하여 '오늘의'의 의미로 본문을 받아들였다.

그러나 우리가 이 본문을 정확하게 이해하기 위하여 살펴보아야 할 것이 있는데 오늘의 양식(혹은 내일의 양식)을 구하는 이 기도가 이스라엘 백성들이 광야에서 경험했던 만나 사건에 그 뿌리를 두고 있다는 것이다. 하나님께서는 광야에서 이스라엘 백성들에게 그 날의 양식을 내려 주셨다. 날마다 새로운 양식으로 이스라엘 백성들을 먹이신 것이다. 그렇듯 이 기도는 만나 사건을 회상하며 하나님께서 날마다 자신의 백성들을 먹이셨던 것과 같이 지금도 하나님께서 하나님의 백성 된 자녀들을 돌보실 것을 간구하는 것이다. 이 기도를 아침에 드린다면 '오늘의' 양식이 될 것이고 저녁에 드린다면 '내일의' 양식이 될 것이다. 어쨌든 이 기도는 우리를 광야에서 이스라엘 백성들과 만나 주셨던 하나님께로 인도하고 있다.

하나님께서는 우리에게 일용할 양식을 주시는 분이시다. 광야의 하나님께서는 만나를 통해 자신의 백성들을 먹이셨다. 만나의 하나님께서는 우리를 도우시고 인도하시는 하나님이시다. 하나님께서는 이스라엘 백성들이 애굽의 압제와 핍박 속에서 고통하며 부르짖는 소리를 들으시고 그들을 구원하셨다. 그리고 그들이 광야에서 방황하며 의지할 만한 것이 아무 것도 없을 때 그들을 보호하시고 그들을 먹이였다. 이스라엘 백성들이 물질적 풍요 가운데 있을 때 만나를 먹으라고 강요한 것이 아니라 먹을 것이 없어 굶주리고 목말라 할 때 그들을 먹이시고 입히신 것이다. 그것이 만나이고 광야의 하나님이시다. 광야의 하나님께서는 모든 방황하는 자들의 구원자가 되신다. 광야의 하나님께서는 모든 굶주리는 자들의 아버지가 되시고 그들을 인도하신다. 하나님께서는 그러한 은혜로 이스라엘 백성들과 함께 하셨으며 또한 우리와 함께 하신다. 이 광야의 하나님이 우리가 믿는 하나님이시다.

예수께서 일용할 양식을 구하라고 말씀하신 이면에는 하나님께서 그 백성들에게 일용할 양식을 주시는 분이심을 전제로 하고 있다. 광야의 하나님께서는 먹을 것이 없어서 고통 받던 이스라엘 백성들을 아무 것도 없는 광야에서도 먹이시는 분이시고 마실 물이 없어 죽어 가는 백성들을 반석에서 물을 내어 먹이시는 분이시다. 하나님께서는 자신의 백성들에게 양식을 주시기 위하여 기적도 마다하지 않으신다. 자연현상까지 뒤 엎으시는 것이 하나님께서 우리에게 일용할 양식을 먹이시고자 하는 사랑이다.

예수께서 일용할 양식을 주시는 하나님을 향해 일용할 양식을 구하라고 말씀하신 것은 당시의 경제적 상황에서 더욱 잘 이해된다. 앞에서 우리는 예수님 당시 팔레스타인의 경제적 상황을 간략하게 살펴보았다. 하나님께서 먹이시지 않으면 살아갈 수 없는 많은 사람들이 있었다. 그들에게 하나님의 인도하심은 절대적인 것이었고 그것이 진실한 은혜였다. 우리는 포도원 품꾼의 비유를 통하여 이 사실을 정확하게 보게 된다. 우리는 이 비유를 통하여 하루 종일 일 할 자리가 없어 빈손으로 집에 돌아가야만 하는 한 일용직 노동자를 만나게 된다. 주인으로 묘사되는 하나님께서는 그 사람도 포도원에 들어와 일 할 수 있도록 허락하시고 그에게 단 한 시간 노동의 대가로 하루 품삯을 주셨다. 왜냐하면 그에게 하루 품삯은 그와 그 가족의 일용할 양식이기 때문이다.

때로는 광야의 삶이 우리에게 많은 것을 요구하고 우리의 희생을 강요하는 것처럼 왜곡되어 전달 될 때가 있다. 그러나 우리가 기억해야 할 것은 광야의 삶은 지금 의지할 곳 없고 먹을 것 없어 고생하는 백성들을 향한 하나님의 돌보심과 먹이시고 입히심을 전제로 하고 있다는 것이다. 이 사실이 간과될 때 우리는 광야의 하나님을 오해하게 된다. 하나님께서는 지금도 우리에게 만나를 내려주신다. 물론 광야의 삶이 우리에게 많은 것을 요구하는 것처럼 느껴질 수 있다. 그러나 그것은 하나님께서 우리를 먹이시고 지키시는 것에 대한 감사의 반응으로서의 요구일 뿐이다. 뜻이 하늘에서 이루어지고 땅에서도 이루어지는 것과 같이 광야의 하나님께서 우리를 날마다 만나로 먹이시기 때문에 또한 우리는 광야의 삶을 살아갈 수 있는 것이다.

의지할 곳 없이 방황하며 연약한 이스라엘 백성을 먹이시던 광야의 하나님은 예수 그리스도의 삶과 인격 안에서 온전하게 계시되었다. 우리가 앞에서 살펴봤듯이 하나님의 나라를 선포하며 귀신들린 자를 깨끗케 하고, 병든 사람들을 고치시고, 억눌린 사람들을 자유하게 하신 예수 그리스도의 사역과 삶은 광야에서 만나를 먹이신 하나님의 역사와 조금도 다르지 않다. 예수 그리스도의 인격과 삶 안에서 하나님은 광야를 헤매는 것과 같은 인생들을 돌아보시고 그들에게 일용할 양식으로 먹이셨다. 하나님께서 광야와 같은 삶을 살아가는 자신의 백성들을, 광야보다 더 궁핍한 삶을 살아가던 자신의 자녀들을 예수 그리스도를 통하여 살피시고 구원하신 것이다.

예수께서는 하늘의 새와 들의 보잘 것 없는 들풀도 하나님께서 먹이시고 입히시는 분이심을 강조하여 말씀하셨다. 아무리 보잘 것 없는 존재라도 하나님께서 친히 보호하시고 인도하시는 분이심을 말씀하시면서 내일 일을 염려하지 말하고 하셨다(마6:34). 어떻게 보면 그들이 하늘의 새와 들의 풀과 같은 연약한 사람들이기 때문에 하나님께서 친히 먹이시는 것일 수 있다. 힘 있고 능력 있는 사람들은 스스로 먹고 스스로 입고 살아간다. 그러나 아무 힘없는 들풀은 하나님께서 먹이시지 않으면 도무지 살아갈 수 없기 때문에 하나님께서 친히 먹이시고 입히시는 것이 아니겠는가? 주변의 수많은 강대국들 사이에서 광야의 방황하는 이스라엘 백성들은 하나님께서 먹이시지 않으면 멸종해 버릴 수밖에 없었기 때문에 하나님께서 친히 먹이시고 돌보신 것과 같이 지금도 하나님께서는 다른 사람의 도움을 기대할 수 없는 많은 사람들에게 찾아가시고 그들을 만나로 먹이신다.

가난은 의존성을 의미한다. 누군가가 도와주지 않으면 가난한 사람은 살 수 없다. 누군가에게 의존하지 않고 독립적으로 살수 없게 하는 것이 가난이다. 그런 의미에서 가난은 복된 것이다(마5:3). 왜냐하면 그런 사람이 하나님 앞에서 의존적인 존재, 즉 하나님을 의지하는 사람이기 때문이다. 상한 갈대는 복이 있다. 꺼져가는 심지도 복이 있다. 가난한 사람, 울고 있는 사람, 굶주린 사람이 복이 있다. 왜냐하면 하나님께서 그들을 먹이시고 입히시기 때문이다.

3. 오늘의 양식

주기도는 우리에게 오늘의 양식을 구할 것을 가르치고 있다. 물론 오늘의 양식을 구한다는 것이 가지고 있는 의미가 다양할 수 있지만 오늘의 양식을 구하는 삶에 대하여 우리에게 핵심적인 가치를 가르치는 어리석은 부자에 관한 비유(눅12:16-21)를 통하여 그 뜻을 찾아보고자 한다. 부자였지만 어리석었던 이 사람은 하나님과 이웃에 대하여 인색했고 자신의 일용할 양식에 만족하지 못하여 더 큰 창고를 짓는 일에만 관심을 가졌다. 결국 하나님께서는 부유하지만 어리석은 이 사람에게 쌓아 놓은 양식의 무익함을 그의 죽음으로 보여주셨다. 이 비유에서 볼 수 있는 것과 같이 오늘의 양식을 구하는 기도의 핵심적인 의미는 하나님과 이웃에 대한 무관심으로 나만을 위하여 미래의 양식을 쌓아놓지 말라는 것이다. 마치 광야에서 만나가 내릴 때 많이 거둔 자나 적게 거둔 자나 그 날의 양식으로밖에 사용하지 못한 것과 같이 미래의 양식이 우리의 삶을 보장해 주지 못한다는 것이다.

하나님께서는 우리가 다른 사람보다 조금 더 능력 있다고 미래의 양식을 쌓아놓고 살아가는 것을 원하지 않으신다. 하나님은 우리 모두가 오늘의 양식으로 살아가며 하나님과 이웃을 돌아보며 살기를 원하신다. 사실 능력 있는 사람은 남들이 만나를 한 호멜 거둘 때 같은 시간과 노력을 들여서 그보다 몇 배의 양을 거두며 가치를 창출할 수 있다. 그러나 그런 능력이 자신이 창출한 가치를 자신의 것으로 쌓아 두는 것을 정당화시켜주는 것은 아니다. 하나님께서는 우리에게 뿌린 대로 거둘 것에 관하여 말씀하셨지만 거둔 대로 누릴 것에 대해서 말씀하지는 않으셨다.

예수께서 가르치신 이 기도는 우리에게 광야의 삶으로 돌아갈 것을 강하게 도전한다. 예수님께서는 심각한 경제적 문제 가운데 있던 이스라엘 백성들에게 만나를 내려주시며 하루하루 그들을 만나주셨던 광야의 하나님을 지금 우리가 살아가는 무한경쟁의 시대에서 다시금 만나야 할 것을 말씀하신 것이다.

이미 살펴본 것과 같이 광야에서 만나의 하나님을 만난다는 것은 전적으로 하나님의 인도와 도우심을 의지한다는 것을 의미한다. 하나님께서는 자신의 백성들을 기꺼이 먹이시고 인도하시면서 그들을 향하여 미래의 양식을 쌓아놓지 못하게 하셨다. 미래에 대한 두려움으로 만나를 지나치게 쌓아 놓았던 사람들은 하나님의 책망을 받앉고 그 쌓아 놓았던 만나도 상해서 먹지 못했다(출16:13-20). 만나를 구하는 삶, 그날의 양식을 구하는 삶은 하나님께서 "우리 모두"를 먹이시는 삶을 의미한다. 능력 있는 사람은 많이 먹고 능력이 모자란 사람은 굶어야 하는 양육강식의 삶이 아니라 우리 모두가 함께 먹고 기쁨을 누리는 삶이 오늘의 양식을 구하는 삶이다.

이 간구를 자세히 들여다보면 예수께서는 우리에게 '우리의' 양식을 구하라고 말씀하심을 볼 수 있다. 나의 양식, 나의 삶을 추구하는 것이 아니라 우리의 양식과 우리의 삶을 구하는 것이 바로 하나님 나라의 삶이기 때문이다. 하나님께서는 '우리'의 하나님이 되시고 또한 '우리'의 양식을 공급하여 주시는 분이시다. 내가 나의 욕심을 채우기 위해 지나치게 많은 만나를 거둬들이게 되면 누군가는 자신의 일용할 양식을 잃어버리게 된다. 하나님께서는 이것을 원하지 않으실 뿐만 아니라 이런 경쟁과 능력의 원리가 다스리는 곳은 하나님의 나라가 아니라고 말씀하신다. 그런 곳은 하나님의 다스리심이 아니라 경쟁과 능력이 다스리는 곳이기 때문이다.

최근 50년간 지구상에서 생산되는 식량은 급격히 늘어났지만 굶어 죽는 사람은 더 많아졌다고 한다. 물론 그 이유는 다양하게 볼 수 있다. 인구의 증가, 기후의 변화 등 다양한 요인이 있겠지만 이러한 현상의 핵심적인 이유 중의 하나가 바로 우리의 삶이 마치 어리석은 부자와 같이 자신의 양식을 쌓아두는 일에만 급급하기 때문이다. 이런 이유 때문에 함께 살기에 충분한 재화와 자원이 있음에도 불구하고 이 땅의 수많은 사람들이 기본적인 의식주가 해결되지 못한 채 죽어가고 있다.

서두에 다루었던 것처럼 야훼 하나님에 대한 신앙과 제의는 유목민적 삶을 토대로 하고 있다. 이스라엘 백성들이 물질적 풍요를 추구하며 바알신앙에 빠져 있을 때 선지자들이 그것을 책망하며 야훼 하나님에 대한 순종을 강조하였던 것처럼 예수께서는 경제적 위기 속에 병들어 가는 사회와 공동체를 향하여 하나님께서 주셨던 만나를 기억하라고 가르치신다. 날마다의 양식을 하나님께 공급받는 신앙의 삶만이 이 문제를 해결할 수 있기 때문이다.

기독교 신앙은 바알종교를 거부한다. 이 말은 단순하게 이방종교를 거부한다는 의미가 아니라 바알종교의 핵심 사상인 다산과 풍요를 통한 인간 삶의 윤택함을 거부한다는 말이다. 권력과 부의 축적으로 기독교를 변증하고 전파하려는 모든 시도는 기독교 신앙이 아니라 바알종교이다. 그것은 하나님을 향한 순수한 신앙을 훼손시키고 복음을 변질시킨다. 최근 신 사도적 선교라는 이름으로 미국의 일부 학자들과 교회들을 중심으로 일어난 운동이 있다. 그 운동이 포함하고 있는 핵심적인 가치 중의 하나는 기독교인이 부자가 되어야 세상 사람들이 교회로 나온다는 것이다. 말 그대로 미국식 신자유주의 경제 원리를 교회에 그대로 가져온 것이다. 물론 그들의 의도와 열정을 모르는 것은 아니지만 그것은 분명 성경적 주장이 아니다. 오히려 그것은 바알종교에 더 가깝다. 하나님을 섬기는 자들이 부요하게 되어야 하나님이 능력 있는 분으로 인정될 것이라는 기대는 광야에서 이스라엘 백성들에게 가르쳐진 하나님이 아니라 바알을 하나님으로 부르는 바알종교의 한 모습일 뿐이다.

요즘같이 교회가 정치에 관심을 갖고 기도했던 적은 없는 것 같다. 예전에는 소수의 그리스도인들만이 정치적 견해를 가지고 있었고 교회는 전체적으로 정치적 중립을 지킨다고 말했었지만 요즘은 대부분의 그리스도인들이 정치에 직간접적으로 참여한다. 그런데 많은 사람들이 정치 지도자들을 위해 기도하며 그들을 평가하는 기준이 그들의 경제적 능력인 것 같다. 그들이 경제를 얼마나 부강하게 할 수 있는가를 두고 교회가 그들을 평가하며 기도하고 있다. 경제성장과 그 과업을 이루어줄 지도자가 마치 하나님의 뜻인 것처럼 기도하고 있다. 내가 보기에 그것은 하나님의 뜻을 이루거나 기독교 지도자를 세우기 위한 기도가 아니라 바알신앙과 바알의 지도자를 위한 기도이다. 부와 윤택함을 최고의 가치로 두는 바알신앙이 교회 깊숙이 뿌리를 내린 결과이다.

이 지구상에 존재하는 자원은 매우 한정되어 있다. 누군가가 많이 차지하면 누군가는 잃어버릴 수밖에 없는 것이 우리가 살아가는 현실이다. 물론 우리가 이 땅의 모든 재화와 자원을 평등하게 나눠가져야 한다는 식의 주장을 하는 것은 아니다. 그런 일은 일어날 수도 없고 그런 방법이 정당화 될 수도 없다. 일용할 양식을 구하는 삶이 지향하는 것은 모든 사람들이 평등하게 나눠가지는 것이 아니라 많이 가진 사람이 적게 가진 사람과 자신의 삶을 나누는 것이다. 예수께서 하늘의 권세와 모든 능력을 가지셨지만 그렇지 못했던 사람들과 자신의 삶을 나누시고 스스로 가난해지신 것은 우리를 부요하게 하시기 위함이었던 것과 같이(고후8:9) 우리도 우리의 부요함을 가난한 자들과 함께 나누어야 한다. 하나님께서 우리에게 원하시는 것은 어리석은 부자와 같은 부의 축적이 아니라 우리 모두에게 그날의 양식이 주어지는 것이다. 예수님 당시 그날의 양식이 없어 고통받는 사람이 있었던 것과 같이 지금 우리가 살아가는 이 세상에도 그러한 문제는 여전히 남아있고 앞으로 더 심해질 가능성이 매우 크다. 그렇기 때문에 우리에게 '우리의 일용할 양식'을 구하는 기도는 매우 중요하고 또 중요하다.

내가 어릴 때 집에 있는 책 중에 '록펠러'의 시집이 한 권 있었다. 그 때 그 이름을 접하고 난 뒤 내가 자라오면서 교회의 많은 목사님들이 그 사람에 관한 이야기들을 예화로 사용한다는 것을 알았다. 예화의 내용은 대부분이 십일조에 관한 것이었는데 록펠러가 십일조를 잘 하고 신앙생활을 잘 했기 때문에 하나님께서 록펠러를 부자로 만들어 주셨다는 것이 예화 내용의 주요 골자였다. 그의 사무실에는 그의 십일조를 계산하는 직원만 40여 명이 따로 있었다는 이야기를 통하여 그가 얼마나 부자였는지를 강조하며 그가 십일조에 철저했음을 말씀하곤 했다. 그러나 우리는 엄청난 부자였던, 그리고 철저하게 십일조를 드렸던 록펠러 주변에 길거리로 나앉아야만 했던 많은 사람들이 있었던 것을 기억해야 한다.

철저하게 독점 방식으로 사업을 했던 그는 그가 주력했던 석유시장에 있는 거의 모든 사람들의 사업을 문 닫게 해 주었다. 막강한 자금력으로 시장에 뛰어들어 상품을 독점하고 그 이윤을 취하였다. 그 덕분에 같은 업종에 있던 사람들은 사랑하는 가족과 함께 일용할 양식을 얻지 못한 채 길거리로 나가야만 했다. 록펠러는 하나님을 잘 섬겼기 때문에 엄청난 부자가 되었다고 말하지만 과연 그것이 하나님께서 원하시던 것일지 우리는 깊이 생각해야만 한다. 이웃의 일용할 양식을 빼앗는 방식으로 살아간 사람에게 '우리'의 일용할 양식은 중요하지 않았던 것 같다. 물론 그가 벌어들인 많은 돈으로 교회를 세우고 자선 사업을 했지만 하나님께서 그것을 그저 좋아라 하셨을지는 깊이 생각해야 할 문제이다.

그가 가지고 있던 신앙의 순수성은 다른 차원의 문제이다. 록펠러를 지지하는 어떤 사람은 이 이야기를 보고 마음이 상하거나 반론을 제기할 수 있다. 그러나 우리가 여기에서 살피고자 하는 것은 그 개인의 하나님을 향한 마음이 순수하지 못했다거나 그가 윤리적으로 문제가 많은 사람이었다는 것이 아니다. 그리고 그가 했던 많은 좋은 일들이 무가치하다는 것도 아니다. 우리가 살피고자 하는 것은 무한경쟁의 상황 속에서 그가 돈을 벌어들인 방법이 하나님께서 원하시는 것이었는가 깊이 성찰할 필요가 있다는 것과 또한 우리가 이 세상에서 하나님의 사람으로 살아갈 때 어떤 모습으로 서 있어야 하는지에 관한 것이다.

무한경쟁과 능력 있는 사람이 부를 차지하는 것, 그리고 부가 가장 큰 핵심 가치가 되어 있는 미국식 신자유주의는 진화론적 사고에 그 뿌리를 두고 있다. 진화론은 참으로 무서운 이론이다. 사실 정확히 말하면 '사회적 진화론'이 우리가 방심하는 사이 우리의 삶을 파괴하는 무서운 이론이다. 우리는 여기에서 단순히 창조론이 옳고 진화론이 그르다는 식의 논리를 주장하는 것이 아니다. 진화론은 그 이론의 과학적 설명방식에서가 아니라 그 사고의 결과에서 매우 큰 문제를 가지고 있다. 진화론적 사고는 우리의 공동체적 삶을 파괴한다. 진화론이 등장한 18세기는 역사적 진보주의가 사회 전반을 휩쓸고 있을 때이다. 사회가 계속해서 진보해 가서 결국은 유토피아가 이 세상에 이루어질 것이 거의 모든 사람들에게 희망으로 주어졌다. 그 와중에 역사적 진보주의를 바탕으로 한 진화론이 등장한 것이다. 그러나 자연적 진화론보다 더 무섭고 위험한 것은 진화론을 사회적 영역에 적용시킨 사회적 진화론이다. 진화론의 핵심은 적자생존 즉 능력 있고 힘 있는 종과 개체가 살아남는다는 것인데 사회적 진화론 또한 능력 있는 사람들, 우월한 인종이 세상을 다스리고 그 결과 세상이 더 좋아질 것이라는 것이다.

무한경쟁과 적자생존에 근거한 진화론적 사고는 예수께서 우리에게 보여주신 하나님의 나라와는 너무나 낯선 것이다. 진화론은 능력 있고 적응 능력이 뛰어난 사람들이 선하고 그들을 통하여 진보가 이루어질 것이라고 말하지만 창조론은 하나님께서 각 개인을 그 특성에 맞게 창조하셨다고 말한다. 진화론은 능력 없는 사람이 도태되어야 할 것이라고 말하지만 창조론은 아무리 연약하고 부족한 사람이라도 그 사람의 가치가 존중되어야 한다고 말한다. 잠언 17장 5절은 가난한 자도 하나님께서 지으신 사람이기 때문에 그를 멸시하는 것은 하나님을 멸시하는 것이라고 말하고 있다. 하나님 앞에서 무가치한 사람은 아무도 없다. 누구도 생존에 적합한 능력을 갖추지 못했다고 해서 소외되어서는 안 된다. 그것이 하나님께서 우리를 창조하시고 한 공동체로 엮어 놓으신 이유이다. 우리는 그 공동체 안에서 하나님의 나라를 경험할 수 있게 된다.

예수께서는 우리에게 광야의 삶을 요구하신다. 이스라엘이 바알종교에 빠져 헤매고 있을 때 하나님께서 선지자들의 선포를 통하여 광야에서 만났던 하나님을 다시금 일깨우셨던 것처럼 급격한 헬라화와 함께 맘몬 숭배에 빠져 있던 유다 백성들을 향하여, 그리고 교회를 향하여 예수께서는 광야에서 만났던 하나님을 보여주셨다. 그리고 만나를 통하여 매일 매일의 양식을 주셨던 하나님을 다시금 보여주시며 우리로 하여금 그 하나님을 의지하게 하신다. 우리가 우리에게 만나를 주시는 하나님을 신뢰할 때 우리는 또한 우리 모두가 함께 이루어가는 하나님의 나라를 경험할 수 있다. 또한 하나님의 나라가 우리에게 임하실 때 우리는 보리떡 다섯 개와 물고기 두 마리로 오천 명이 먹고도 남음이 있는 하나님의 놀라운 역사를 보게 될 것이다.

예루살렘의 초기 기독교 공동체가 하나님 나라의 이상적인 모형으로 고백되는 것은 이상한 일이 아니다. 이 장의 초반에서 언급했듯이 하나님의 나라는 경제적 나눔을 의미하는 '우리의 일용할 양식' 위에 세워지는 것이다. 초기 예루살렘 교회가 사도행전 4장에서 보여주는 것과 같이 서로의 필요를 채워주고 모두의 일용할 양식을 위해 자신의 것을 기꺼이 내어 놓았던 것은 그들의 삶 가운데 하나님의 나라가 강력하게 역사하고 있었음을 보여주는 것이다. 서로의 경제적 필요에 대한 세심한 돌아봄 없이 우리의 삶에 하나님의 나라가 임하기를 기도하는 것은 잘못 된 기도이다. 물론 우리가 사는 지금 이 시대는 예수께서 사셨던 시대보다 훨씬 더 경제적 윤택함 속에 살고 있다. 그리고 절대적 빈곤도 많이 사라졌다. 그러나 여전히 우리의 주변에는 극심한 사회적 양극화 속에서 빈곤의 문제로 고통 받는 많은 사람들이 있음을 기억해야 한다. 우리가 예수께서 이 세상의 고통 받는 사람들을 위해서 고난 받으셨다고 말하면서 실제로 우리가 그들에게 관심 갖지 않는다면 예수 그리스도의 성육신은 아무런 의미가 없는 것이다. 하나님께서는 말씀으로 계시다가 육신을 입고 이 땅에 오셨는데 우리는 육신으로 오신 하나님을 다시 말로 바꾸어 놓는 어리석음에 빠질 수 있음을 기억해야 한다.

더 나아가 이 지구상에 수많은 사람들이 기아와 배고픔에 고통 받고 있다. 이런 우주적 양극화 속에서 우리가 하나님을 우리의 아버지로, 그리고 하늘에 계신 분으로 고백한다면 우리는 또한 우리의 눈을 들어 그들을 바라봐야만 한다. 그들 또한 하나님의 사랑하는 백성들이기 때문이다. 하나님의 나라가 우리들만의 것이 아니라고 고백한다면 우리는 그들에게도 우리의 양식을 나누어야 한다. 그 때 그곳에도 하나님의 나라가 임하는 것이다. 예수께서 하나님의 나라를 선포하시고 그 나라 백성으로서의 삶을 가르치신 후 초기 예루살렘 교회에서 그 나라의 삶이 실천적으로 나타났던 것과 같이 우리가 하나님을 섬기며 하나님의 나라를 고대한다면 우리의 삶 또한 그 나라의 백성답게 실천적으로 나타나야 한다.

비록 많은 교회들이 섬김과 나눔을 실천하고 있지만 여전히 교회 안에 존재하는 집단 이기주의는 교회가 하나님 나라를 선포하며 그 삶을 살아가는데 가장 큰 걸림돌이 되고 있다. 아직도 교회의 많은 예산이 본질적이지 않은 곳에 허비되고 있다. 참으로 안타깝게도 많은 교회들이 교회건축과 교회 꾸미기에 수백억의 돈을 지출하는 동안 우리 주변엔 많은 사람들이 굶주림에 허덕이고 있다. 만일 우리가 우리의 귀를 열어 그들이 하나님께 드리는 탄원의 소리를 듣지 않는다면 우리는 예수께서 가르치신 포도원 품꾼의 비유(마20:1-16)에 나타나는 이기적이고 어리석은, 아침에 들어온 품꾼과 다를 바가 없게 된다. 하나님 나라의 백성이 되는 것은 우리가 그렇다고 믿어서 되는 것이나 그렇다고 우겨서 되는 것이 아니다. 우리가 우리의 삶을 인도하시고 광야에서도 우리에게 만나로 먹이시는 하나님을 신뢰하고 하나님의 백성답게 우리의 삶을 살아가야 진실로 하나님 나라의 백성으로 거듭나게 되는 것이다.

우리가 '우리의 양식'을 구하지 못하도록 우리를 방해하는 것이 두 가지 있는데 하나는 '이기심'이고 다른 하나는 '두려움'이다. 물론 이기심은 두려움의 다른 이름이고 두려움은 이기심의 다른 표현일 뿐이지만 이 둘은 우리가 우리의 양식을 다른 사람들과 함께 나누는 것을 방해할 뿐만 아니라 다음 장에서 다루어질 다른 사람을 용서하는 것도 방해한다. 우리가 우리의 양식을 나누지 못하는 것, 그리고 다른 사람을 중심으로부터 용납하지 못하는 것은 모두 우리의 이기심과 두려움 때문이다. 즉 이기심과 두려움은 하나님의 나라를 우리의 삶에 이루어 가는데 치명적인 암초와도 같은 것이다. 하나님께서 우리에게 주시는 은혜는 우리로 하여금 이 두 가지 문제로부터 우리를 자유하게 하신다.

너희는 먼저 그의 나라를 구하라고 말씀하신 예수께서(마6:33)는 내일 일을 염려하지 말라고 말씀하셨고 공중의 새도 하나님께서 친히 먹이신다고 강조하여 가르치셨다. 하나님의 다스리심은 철저하게 하나님을 향한 신뢰와 순종 위에 세워지기 때문이다. 이 하나님과의 만남에서 우리의 두려움은 사라지게 된다. 또한 너희가 나를 따라오

려거든 자기 십자가를 지고 자기를 부인해야 한다고 말씀하신 예수께서(마16:24) 제자들을 하나님 나라의 사도로 부르실 때 제자들에게 요구하신 것은 그들의 이기적 욕망에 대한 거부였음을 우리는 잘 알고 있다. 자신의 이기적 욕망에 사로잡힌 사람은 결단코 하나님 나라의 백성으로서 살아갈 수 없기 때문이다. 우리가 말씀에 순종하여 십자가를 질 때 이기심의 모든 문제 또한 해결될 것이다.

하나님께서는 우리에게 일용할 양식을 먹이시는 분이시다. 또한 우리 모두에게 일용할 양식을 주시기 원하시는 분이시다. 그것은 기적을 통해서 이루어진다. 그 기적은 초자연적인 기적이 아니라 하나님 나라의 백성들이 자신의 것을 자신의 것으로 여기지 않고 자신의 양식을 자신의 이웃과 나눌 때 나타나는 사랑이다. 이 순결한 사랑이 우리를 다스리시는 하나님 안에서 열매 맺게 될 때 우리 안에 하나님의 나라가 그 찬란한 빛으로 임하게 될 것이다. 사랑 안에는 두려움이 없다(요일4:18). 또한 사랑 안에 이기심은 자리할 수 없다(요15:13). 대가를 바라지 않는 순수한 사랑이 우리의 삶에 하나님의 나라를 이루어 갈 것이다.

7장

용서와 용납

하나님 나라의 실천적 삶을 지탱하는 하나의 기둥은 우리가 함께 우리의 일용할 양식을 구하는 것이고 다른 하나는 우리가 우리에게 죄 지은 사람을 용서하는 용서의 삶을 사는 것이다. 하나님의 나라는 나눔과 용서라는 두 측면의 실천적 행동을 통하여 우리 안에 아름다운 열매를 맺게 된다. 이런 의미에서 우리가 이번 장에서 살펴보게 될 용서에 관한 문제는 우리 그리스도인들에게 매우 중요한 과제이다.

우리는 먼저 이 용서청원의 간구에서 기도의 핵심이 어디에 있는가에 대해 언급해야 하겠다. 하나님을 향하여 우리의 죄를 용서해 달라고 구하는 간청에 기도의 핵심이 있는가? 아니면 우리가 우리에게 죄 지은 사람을 용서해 주겠다는 서약에 있는가? 이 문제에 답하기 위해 우리는 주기도에 바로 이어 나오는 마태복음 6장 14–15절의 말씀을 함께 봐야만 한다. 이 구절에서 우리는 놀라운 수사적 표현을 발견하게 되는데 우리가 서로를 용서하지 않으면 하나님께서도 우리를 용서하지 않으시겠다는 말씀이 그것이다. 하나님께서는 우리의 죄를 용서하시고 우리의 약점까지도 덮으시는 은혜로우신 분이시다. 그런 하나님께서 용서하지 않으실 만큼 우리가 서로를 용서하지 않는 것은 매우 큰 죄이고 악함이라는 표현인 것이다. 이 말씀을 통하여 볼 때 죄 용서에 대한 청원은 기도하는 우리로 하여금 우리에게 죄 지은 사람들을 용서해야만 하는 우리의 책임과 서약을 강조하고 있는 것이다.

'우리의 죄를 사하여 주옵소서' 라는 구절에서 누가복음이 '죄'라는 단어를 사용하고 있는데 반해 마태복음은 '빚' 이라는 단어를 사용하고 있다. 마태복음이 죄의 문제를 '빚'이라는 단어로 사용한 것을 통해 우리는 예수님 당시 유대인들이 죄를 어떻게 이해했는지를 알 수 있게 된다. 그들에게 죄는 하나님과 이웃에 대한 빚이었다. 그러므로 그 빚을 갚아야만 그 죄의 권세에서 해방될 수 있는 것이다. 그래서 율법에서는 이웃의 물건을 훔치거나 이웃에게 상해를 입힐 경우 그것이 빚이 되어서 그대로 변상하거나 내게도 상해를 입히는 것이 그 죄에서 해방되는 방법으로 나타나는 것이다. 즉 '우리의 빚을 탕감하여 주소서'라는 기도는 '우리의 죄를 용서하여 주소서'라는 의미를 가지고 있는 것이다. 따라서 이 기도는 문자적으로 볼 때 '우리가 우리에게 빚진 사람을 탕감하여 준 것같이 우리의 빚을 탕감하여 주소서'라는 말로 번역할 수 있고 의미로 볼 때 '우리가 우리에게 죄 지은 사람을 용서하여 준 것같이 우리의 죄를 용서하여 주소서'라는 말로 번역할 수 있다.

1. 사회 종교적 죄인과 개인 윤리적 죄인

예수 그리스도의 말씀 안에는 물질에 관한 말씀 못지않게 용서에 관한 많은 가르침과 비유들이 등장한다. 용서하지 못하는 종의 비유(마18:21-35)와 일흔 번씩 일곱 번이라도 용서하라는 가르침, 산상수훈에 나타난 원수를 사랑하는 말씀, 주기도에 나타난 용서에 대한 말씀들이 예수께서 가르치신 대표적인 용서에 관한 말씀들이다. 이런 말씀들을 제외하고서라도 예수께서 살아가시면서 만났던 많은 사람들이 세리와 윤락여성과 같은 죄인들이었기 때문에 필연적으로 예수 그리스도의 삶은 용서의 문제와 긴밀하게 연결되어 있었다. 예수께서는 용서에 관하여 말씀하시고 또한 친히 용서하며 죄인들을 용납하는 삶을 살아가셨는데 복음서를 통하여 우리는 죄인들을 향하여 가지셨던 예수 그리스도의 윤리를 볼 수 있다.

예수님의 윤리는 기존의 유대 지도자들이 가지고 있던 윤리에 대하여 '강화'와 '완화'의 두 방식이 모두 나타나는 것을 보게 된다. 어떤 부분에서는 강화가, 어떤 부분에서는 완화가 이루어졌다. 여자를 보고 음행을 품는 것 자체가 그녀를 범한 것이라는 말씀, 미워하는 것 자체가 이미 살인한 것이라는 말씀, 원수 갚지 말고 도리어 사랑하는 말씀 등은 기존에 있던 윤리를 무너뜨리고 매우 엄격한 윤리의 강화를 보여준다. 반면, 안식일에 밀밭에서 있었던 바리새인들과의 논쟁, 안식일에 병자를 고치신 것, '세리와 죄인'의 친구로 살아가셨던 예수 그리스도의 삶 등은 유대종교 윤리에 대한 급격한 완화를 보여준다. 예수께서는 그의 사역 가운데 어떤 부분은 강화로, 어떤 부분은 완화로 사람들에게 다가가셨다.

예수의 윤리가 때로는 강화, 때로는 완화의 모습을 보이는 것은 예수께서 살아가시면서 만났던 죄인들의 유형적 분류에서 그 이유를 찾을 수 있다. 결론적으로 말하자면 예수께서 만나셨던 죄인에는 '사회 종교적 죄인'과 '개인 윤리적 죄인'이 있었다. 예수께서는 개인 윤리적 차원에서는 엄격한 강화를, 사회 종교적 차원에서는 급격한 완화를 말씀하셨고 또 그렇게 살아가셨다. 예수께서는 개인의 윤리적 삶이 하나님 앞에 온전해야 할 것을 누누이 말씀하셨다. '너희 의가 바리새인과 서기관보다 낫지 아니하면 하나님의 나라에 들어갈 수 없다(마5:20)'는 말씀, '하늘에 계신 너희 아버지께서 온전하신 것 같이 너희도 온전하라(마5:48)'는 말씀은 우리의 개인적 윤리가 얼마나 엄격하고 정직해야 하는지를 보여준다. 예수께서는 개인적 부도덕과 부패를 눈 감아 주지 않으셨다. 하나님 앞에 정직하고 올바른 사람이 되도록 우리를 지도하시고 가르치셨다. 이전에 누구보다도 더 강력하게 온전함에 대하여 말씀하신 것이다.

그러나 반면 종교적 규율이나 사회구조적 부조리로 인한 죄의 문제에서는 매우 관대하셨다. 예수께서는 종교적인 잣대로 인해 죄인으로 치부되던 병자들을 사랑하셨고 늘 그들과 함께 하셨다. 종교적 틀 안에서 금기사항으로 여겨졌던 안식일 문제를 과감하게 깨뜨리셨다. 사회적으로 가장 지저분한 죄인으로 여겨지는 세리와도 친구가 되셨고 그들을 용서하시며 용납하셨다. 사회적으로 천하게 취급당하던 윤락여성들도 예수의 주변에 늘 함께 있었다. 예수께서는 종교적인 문제로 인하여 고통당하던 사람들을 용납하셨고 그들에게 하나님께서 함께 하심을 보여주셨다. 종교적 문제와 사회 구조적 문제에 있어서 예수께서는 죄인의 문제를 급격하게 완화 하셨음을 우리는 보게 된다.

물론 종교적 문제와 개인 윤리적 문제가 엄격하게 분리되는 것은 아니다. 그 둘은 동전의 양면과 같이 서로 분리할 수 없는 관계 속에 있다. 종교적인 영역에서 죄인 취급을 받던 사람들이 모두 개인 윤리적으로 올바르다거나 종교적인 영역에서 영향력 있고 인정받던 사람들이 모두 개인 윤리적으로 문제가 있었던 것은 아니다. 사실 어찌 보면 이 둘을 구분한다는 것 자체가 모순이 있을지도 모르겠다.

그러나 우리가 예수 그리스도의 삶과 가르침을 볼 때 그 안에 종교적, 사회적 죄인에 대한 태도와 개인 윤리적 삶에 대한 모습이 다르게 나타나는 것 또한 발견할 수 있는 것이 사실이다. 복음서에는 예수께서 옹호하셨던 죄인들과 더욱 엄격하게 요구하셨던 삶의 모습이 매우 극명하게 나타나고 있다.

이 같은 사실은 우리에게 많은 것을 말해준다. 우리가 만나는 많은 사람들은 각가지 모양을 하고 살아간다. 그리고 많은 사람들이 다양한 죄인의 모양을 하고 있다. 어떤 사람은 자신의 죄가 아니라 사회의 편견 때문에 죄인처럼 살아가기도 하고 어떤 사람은 스스로 너무나 많은 죄를 지으면서도 당당하고 떳떳하게 살아간다. 이렇게 다양하고 복잡한 상황에서 교회와 그리스도인은 어떤 태도와 모습으로 살아가야 하며 그러한 죄인들을 어떻게 받아들이고 이해해야 하는지 예수님의 모습을 통해 볼 수 있게 된다.

일반적으로 볼 때 하나님의 은혜 위에 기초한 공동체는 예수 그리스도의 모습을 닮아 종교적, 사회구조적 죄인을 향하여는 열려 있고 개인 윤리적 죄의 문제에 있어서는 엄격하다. 그러나 반면 하나님의 은혜가 아니라 개인의 공로와 보상에 대한 갈망 위에 세워진 공동체는 개인 윤리적 죄의 문제에 있어서는 관대하고 종교적 범주의 죄인들에게는 높은 벽을 세운다. 우리는 교회가 순수함을 잃어버리고 고착화 되어 갈 때 후자의 모습을 띠게 되는 것을 많이 보아왔다.

하나님 앞에 민감하고 복음에 대한 열정과 사람에 대한 사랑을 가진 공동체일수록 종교적 규율에 의한 정죄는 사라지고 반면 개인적 경건과 윤리는 강화된다. 1907년 평양에서 있었던 대각성 운동도 이런 맥락에서 이해할 수 있다. 하디 선교사가 종교적 우월함이라는 스스로의 굴레 속에서 벗어나 한국 백성들은 저급하다는 종교적 혹은 사회적 편견을 벗어 버렸을 때, 길선주 장로가 개인의 윤리적 부패를 공적으로 사죄하고 회개하였을 때 비로소 부흥은 시작되었고 교회는 바르게 세워졌다.

그러나 지금 우리는 예수 그리스도의 가르침이나 평양 대각성 운동 때와는 매우 다른 상황에 처해 있음을 보게 된다. 성직자를 비롯하여 기독교인 사업가들, 기독교인 정치인들의 윤리적 부패는 이루 말할 수 없을 정도로 심각하다. 그러나 더 심각한 것은 그런 윤리적 부패가 대수롭지 않은 일로 취급된다는 것이다. 심지어 성직자의 성적 타락도 그가 설교만 잘 한다면 아무런 문제가 되지 않는 경우도 있다. 한 교회에서 목회를 하던 목사가 성적인 문제로 교회를 사임하게 되었다. 그 목사는 사임한 교회 부근에 다른 교회를 개척하였고 많은 교인들이 그 목사님을 따라 개척교회로 옮긴 사례들을 우리는 가지고 있다. 간음에 대하여 말씀하시면서 네 눈이 너로 범죄케 하거든 눈을 빼내라(마5:29)는 예수님의 말씀이 참으로 무색할 따름이다.

설상가상으로 교회는 갈수록 종교적 담을 높이 쌓아가는 문제를 안고 있다. 실상은 교회가 종교적 잣대를 접어 사회의 약자들을 돌보며 그들을 품어야 하지만 사회적 약자들에게 가장 소외되는 곳이 바로 교회가 아닐까 생각이 든다. 우리나라 인구의 9%를 차지하고 있는 장애인들이 가장 기피하는 건물이 교회당이고 가장 싫어하는 단체가 교회이다. 사회적으로 낙인찍힌 죄인들은 특별한 경우를 제외하고서는 교회를 찾지 않는다. 왜냐하면 교회의 종교적 담이 너

무 높기 때문이다. 교회가 소위 죄인들을 향하여 종교적 잣대를 들이
대고 그들을 평가하기 시작할 때 그들은 죄인으로, 교회는 선한 사람
들의 집단으로 함께 멸망해 갈 수밖에 없다.

우리는 앞 장에서 하나님의 나라가 하나님의 은혜라는 기반 위
에 세워지는 것임을 살펴보았다. 이것은 우리가 뼈 깊이 새겨야 하는
매우 중요한 것이다. 우리 모두가 하나님 앞에서 어쩔 수 없는 죄인
이고 그런 죄인을 하나님께서 은혜로 살려주셨다는 고백이 없는 공
동체는 하나님 나라가 될 수 없다. 세상에서 가장 무서운 파괴력을
가지고 있는 것은 스스로 선하다고 생각하는 사람들의 독선이다. 그
것은 개인을 파멸시키고 공동체를 파멸시킬 뿐만 아니라 그 공동체
의 이웃 또한 파멸시킨다. 교회가 스스로를 선한 공동체, 하나님께서
선택하신 특권 공동체라는 잘못된 생각을 가지기 시작할 때 교회는
수많은 종교적 죄인들을 만들어내고 그들을 적으로 삼게 된다. 이런
독선은 우리 모두를 병들게 할 뿐이다. 예수께서 바리새인들을 향하
여 외식하는 자들, 교만한 자들이라고 책망하신 것은 바로 그들이 스
스로의 독선에 빠져 그들 나름대로의 종교적 울타리를 견고하게 만
들어 갔기 때문이다. 지금 우리에게 바리새인들은 외식하는 사람들
을 가리키는 대명사처럼 사용되지만 그들 또한 그들의 시대에 자신
들의 울타리 안에서는 존경 받는 종교 지도자들이었음을 잊어서는
안 된다.

교회가 가지고 있는 높은 종교적 잣대는 매우 사소한 것에서부
터 시작하여 뿌리 깊은 분리의식까지를 모두 포함하고 있다. 한국교
회의 초기 선교사들은 교회 안에서 금주와 금연을 선포했다. 그 핵심

적인 이유는 경제적, 가정적 문제였다. 가난에 찌들어 자녀들이 먹을 것이 없어 굶고 있는데도 한국의 많은 남성들은 매우 비싼 돈을 지불하며 담배를 피웠다. 당장 먹을 것이 없는 가정의 아내와 자녀를 돌아보지 않고 오직 자신의 만족만을 위해 살아가는 남성들을 향하여 교회가 금연을 선포한 것이다. 금주도 마찬가지이다. 음주로 인한 가정에서의 문제와 경제적 요인이 교회가 금주를 주도하게 한 가장 핵심적인 이유였다. 초기 한국교회는 연약한 자들의 삶의 문제에 관심을 가졌고 그 구체적인 실천 방안의 한 모습이 금주와 금연이었던 것이다.

지금의 한국교회에서 말하는 금주와 금연은 연약한 사람들에 대한 사랑이 아니라 오직 종교적 잣대가 되어 버렸다. 우리가 여기서 말하려고 하는 것은 음주나 흡연이 정당하다는 말을 하려는 것이 아니다. 우리는 금주나 금연이 종교적 잣대로 교회에서 사용될 때 발생되는 문제들, 특별히 연약한 사람들에 대한 정죄의 문제를 말하려는 것이다. 음주나 흡연의 문제가 그 사람의 삶에 대한 관심과 사랑에서가 아니라 종교적 규율의 문제로 이해될 때 그것은 바리새인들이 종교적 규율의 관점에서 세리를 판단하고 정죄한 것과 다를 것이 없다. 예수께서는 세리의 삶이 바르다고 말씀하지는 않으셨다. 그러나 그들을 종교적 잣대로 판단하지도 않으셨을 뿐만 아니라 그들이 하나님 앞에 먼저 의로워 질 것이라고 말씀하셨다(눅18:14). 음주나 흡연이 바른 삶은 아니다. 그러나 또한 우리가 그 문제에 종교적 잣대를 들이댄다면 우리는 바리새인과 다를 것이 없는 사람들이다.

일용직 노동자들의 노동 현장이나 소위 사회 밑바닥에서 살아가는 사람들의 삶을 들여다볼 때 우리는 그들의 삶이 매우 거칠다는 것을 느끼게 된다. 그들에게는 담배를 피우고 안 피우고의 문제가 중요하지 않다. 그들에게는 술 한잔 마시고 안 마시고의 문제가 아무것도 아니다. 마치 세리가 세금을 걷어 들여야만 자신의 삶을 유지할 수 있었던 것과 같이 그들도 그들의 삶의 현장에서 적응하여 살아가려면 술과 담배가 필수적으로 요구되는 것일 수도 있다. 바리새인들에게는 세리들이 겪고 있는 이러한 삶의 문제는 아무것도 아니었기에 그들을 향하여 종교적 잣대를 들이밀 수 있었겠지만 예수님께는 그들의 고상하지 못한 신앙심보다 그들이 당면하고 있는 삶의 문제가 더욱 심각한 것이었다. 그래서 그들을 이해하시고 용납하시고 그들에게 다가가셔서 하나님의 사랑을 보이신 것이다. 바리새인들의 고상함이 삶의 밑바닥에서 살아가는 사람들의 문제를 보지 못하게 한 것과 같이 한국 교회가 자신의 고상함만을 추구한 채 거칠고 험한 삶의 현장을 외면한다면, 그래서 종교적 우월감에 빠져 담을 쌓기 시작한다면 우리가 사랑하고 품어야 할 많은 사람들은 교회에 의해서 죄인으로 정죄되고 말 것이다.

이러한 구체적 예가 안식일 문제에서 나타난다. 이스라엘 백성들에게 안식일 법이 주어질 때 그것은 하나님을 향한 신앙의 문제였음과 동시에 사회적 약자들을 향한 배려였다. 신명기 5장 14절은 안식일에 너와 네 아들과 네 딸과 네 남종과 네 여종과 네 소와 나귀 및 모든 가축뿐만 아니라 나그네라 할지라도 모두 안식해야 한다고 말하고 있다. 안식일은 단순한 종교적 규율이 아니라 사회적 약자들을 향한 배려였고 돌봄이었다. 안식일은 사회적 약자들이 그들의 고단

한 삶에서 쉬는 날이었고 그들에게 축제와 같은 날이었다. 그러나 유대교가 변질되면서 안식일은 사회적 약자를 억압하는 종교적 규율로 변질되었다. 사실 예수님 당시에 일용직 노동자들이나 종들은 안식일을 지키는 것이 쉽지 않았다. 일용직 노동자들에게 매일같이 일거리가 보장된 것이 아니었기 때문에 그들은 생존을 위하여 안식일에도 일 해야만 하는 상황에 놓여 있었다. 변질된 종교 규율은 그들을 죄인으로 분류했고 안식일의 참 의미인 사회적 약자를 위한 돌봄은 사라진 것이다.

2. 용서와 용납

그렇다면 예수께서 우리를 향하여 용서하라고 요구하시는 말씀은 본질적으로 어떤 의미인가? 마태복음과 누가복음에 동일하게 사용된 '용서하다' 라는 의미를 가진 헬라말 'apiemi' 는 주로 복음서에서 나타나는 단어이다. 그러나 특이한 것은 이 단어가 '용서하다' 라는 뜻으로 사용된 경우는 몇 번 나타나지 않는다는 것이다. 대부분의 용례에서 이 단어는 '내버려두다', '허락하다' '풀어주다' 등으로 사용되었다. "주의 성령이 내게 임하셨으니… 눌린 자를 자유케 하고(눅4:18)", "어린 아이들의 내게 오는 것을 용납하고(막10:14)", "저희가 곧 배와 부친을 버려두고(마4:22)"에서 '자유케 하다', '용납하다', '버리다' 로 번역된 단어가 모두 주기도에서는 '용서하다' 라는 의미로 사용된 apiemi라는 단어이다. 이 모든 용례들을 종합해 볼 때 apiemi의 본래적 뜻은 어떤 억압 또는 소유의 상태에 있는 대상을 자유의 상태로 만들어 준다 혹은 어떠한 권리로부터 이탈된다라는 것이다. 즉 용서라는 것은 우리를 억압하며 권리를 주장하고 있는 죄의 권세로부터 자유로워지는 것, 우리를 억누르고 있는 편견이라는 시선으로부터 자유로워지는 것을 의미한다. 이것은 죄의 용서가 빚을 탕감해주는 것과 같은 개념으로 사용된 이유이기도 하다.

그런 의미에서 복음서에 나타난 용서라고 변역된 말은 '용납'이라고 번역하는 것이 원래의 의미에 더 가까울 수 있다. 용서한다는 말이 억눌림과 왜곡으로부터 자유 하게 하는 것, 모든 속박으로부터 풀어 주는 것의 의미를 가지고 있고 그것은 또한 하나님께 용납되어 받아들여짐을 의미하기 때문이다. 즉, 하나님을 향해 내던져 지는 것, 하나님과 이웃을 향해 허락되는 것이 용서이다. 이렇듯 성경에 나타난 죄의 용서는 하나님과 이웃에게 받아들여짐을 의미하는 것이다. 용서의 문제는 단순한 감정적 문제가 아니라 전인적 받아들여짐의 문제이다. 상대방을 모든 감정적 거부와 사회적 소외로부터 온전하게 풀어주어서 온전한 인격으로 받아들이는 것이 바로 용서이다.

예수께서 보여주신 삶과 그분의 인격, 그리고 모든 가르침들은 우리에게 '죄인'이라고 불리는 사람들에 대한 용납을 가르친다. 이 용납은 관계 회복을 의미하며 모든 사람에게 동등한 자격이 주어짐을 의미한다. 이로 말미암아 용서는 모든 사람들을 향하여 하나님의 은혜 앞에 동일한 기회를 제공한다. 죄는 사람과 사람사이에 수직적 관계를 형성시킨다. 사람간의 관계에서 죄가 개입하기 시작할 때, 즉 누군가가 다른 사람에게 죄를 짓게 될 때 둘의 관계는 동등한 관계가 아니라 수직관계로 변하게 된다. 용서라는 것은 이런 수직관계를 무너뜨리고 동등한 관계로 회복되는 것을 의미한다. 용서는 하나님 앞에서 너와 내가 동등한 자격과 위치에 있음을 인정하는 것이다. 용서는 하나님 앞에서 내가 우월하다고 생각되는 모든 것을 포기하고 나를 낮추는 것이다.

이것이 바로 바울이 오직 믿음으로 말미암아 구원에 이른다고 강조한 이신칭의의 중심사상이다. 바울은 로마서를 통하여 율법 아래 있는 사람들의 우월의식과 기득권을 거부하고 모든 사람이 믿음 앞에서 동등한 권리를 가지고 있음을 강조하였다. 율법, 특별히 유대인들이 자신들의 우월함을 내세우기 위해 사용하였던 할례는 더 이상 하나님 앞에서 특권이 아니라는 것이다. 할례 받은 사람이든 그렇지 않은 사람이든 모든 사람이 죄 아래 똑같이 처해 있고 오직 믿음을 통해서만 하나님 앞에 서기 때문에 모든 사람이 동등한 자격을 갖는다는 것이 바울이 강조한 이신칭의의 핵심이다. 즉 예수께서 죄인에 대한 용납을 통하여 모든 사람들에게 동등한 자격을 부여하셨던 것과 같이 바울은 믿음이라는 개념을 통하여 유대인이나 헬라인이나 모든 사람을 동일하게 하나님 앞에 동등한 자격으로 세운 것이다.

유대 우월주의에 빠져 있던 사람들을 향하여 바울은 율법이 하나님 앞에서 특별한 권리를 부여하는 것이 아니라 모든 사람은 믿음으로 하나님 앞에 동등한 권리를 가진다고 말하고 있다. 그러나 우리는 종종 하나님 앞에서 모든 사람이 동등하다고 말하기 위하여 사용한 바울의 믿음이라는 개념을 우리의 권리를 주장하는데 사용하곤 한다. 사실 하나님 앞에 모든 사람이 동등하다는 것은 너무나 당연해 보이지만 우리는 종종 우리의 보잘 것 없는 권리를 주장하고 볼품없는 기득권을 포기하지 못한 채 어리석은 모습을 보일 때가 있다. 마치 하나님께서 선물로 주신 우리의 믿음이 하나님 앞에 특권인 것처럼 이웃을 판단하고 정죄하려 한다. 마치 믿음이 우리에게 특권을 부여해서 우리를 우월한 사람으로 만들어 주는 것처럼 착각하며 살아가는 것이 우리의 모습이다.

인간의 어떠한 편견과 판단도 하나님 앞에서의 권리를 박탈할 수 없다. 이것이 바로 하늘에 계신 하나님을 부르는 것이고 하나님의 이름이 거룩히 여겨지도록 하는 것이다. 하나님의 나라는 모든 사람들이 하나님 앞에 동등한 자격으로 서도록 하나님 앞에 모든 사람을 부른다. 예수께서는 하나님의 사람이라 자칭하던 유대인들에 의해서 버려졌던 사람들, 즉 죄인들을 사랑하셨고 그들도 동일하게 아브라함의 자녀, 하나님의 백성임을 선언하셨다. 그리고 또한 우리에게 그러한 삶과 선포를 요구하신다. 하나님의 요청에 반응하여 하나님께서 우리를 용납하시는 것과 같이 우리도 또한 우리의 이웃들을 용납해야 한다.

3. 용납과 하나님의 나라

전에 교육전도사로 작은 교회의 중고등부를 지도할 때 학생들에게 좋은 경험이 될 것 같아 성탄절 새벽에 서울 시내에 있는 노숙자들을 찾아간 적이 있다. 자리에 누워 잠을 청하는 분들에게 약간의 먹을거리를 나눠드리고 간단한 위로의 말을 전하는 매우 간단한 일이었지만 함께 나갔던 20여명의 학생들과 청년 교사들에게는 매우 좋은 경험이었던 것 같다. 그런데 며칠 후 함께 갔던 한 학생의 어머니와 이야기 하는 도중에 그분께서 이런 말씀을 하셨다. 그 노숙자들은 팔다리 다 있고 일할 능력이 있는 사람들인데 뭐 하러 도와 주냐는 것이다. 그분들은 몸은 멀쩡하지만 마음이 아픈 사람들이라고 대답하고 이야기를 끝냈지만 아직도 그 질문은 내 마음에 남아있다.

예수께서 많은 사랑을 주신 세리와 윤락여성들은 그들의 선택에 의해서 스스로 자신의 삶을 결정한 사람들이 아닌가? 노숙자들은 막노동이라도 할 수 있는 기회를 스스로 버리고 길거리로 나간 사람들이 아닌가? 예수께서 세리들을 사랑하신 것은 과연 정당한 것인가? 이런 질문들은 사실 아직 내 내면에 완전히 해결되지 않은 채로 남았다. 그러나 한 가지 확실한 것은 예수께서 그들을 만나시며 그들과 삶을 나누실 때 그들이 처해 있는 옳지 못한 상황들을 그들 개인의 책임으로만 돌리지 않으셨다는 것이다. 비록 그들이 옳지 않은 상황 가운데 있었다 할지라도 예수께서는 그들을 비난하지 않으시고 그들을 용납하시며 사랑하셨다. 예수께서는 그들 개인의 책임을 넘어 죄인으로 낙인 찍혀 고생하는 그들의 삶 이면에 있는 악한 영과 그 영에 눌려 고통당하고 있는 모든 인생의 현주소를 보신 것이다.

예수께서 살아가셨던 당시의 시대적 상황이 매우 심각하게 불균형한 경제구조 가운데 있었음을 우리는 살펴보았다. 이런 경제적 불균형은 필연적으로 가난한 사람들과 실직자들을 만들어 낸다. 그리고 생존을 위해 어쩔 수 없이 세리나 윤락여성과 같은 기피 업종에 몸담게 되는 사람들이 생겨나기 마련이다. 이들은 개인의 향락을 위하여 개인적 윤리를 무너뜨리는 사람들과는 다르다. 이 말은 이들의 죄인됨이 개인적 윤리와는 무관하다거나 그들이 윤리적으로는 정당하다는 말은 아니다. 어찌 보면 이들은 불균형한 경제구조의 희생물들인 셈이다. 좀 더 쉽게 말하자면 마귀의 권세 아래 있는 이 세상에서 가난과 죄의 문제는 어쩔 수 없는 부산물이고 그 안에서 고통당하는 것은 하나님의 형상대로 지어진 피조물들 즉, 우리가 살펴본 세리와 죄인들로 대표되는 사람들인 것이다. 우리가 쉽게 접하는 노숙자들도 대부분의 사람들은 이 시대의 왜곡된 경제구조의 피해자들이다. 무한경쟁과 자본주의 경제체제에서 능력 없고 힘없어 뒤로 밀려난 사람들이 바로 노숙자들이다. 그들을 인생의 패배자들이라고 정죄하거나 비웃을 수도 있지만 예수께서 선포하신 하나님의 나라는 바로 이런 사람들의 것이었다. 이 말은 하나님의 나라가 이런 사람들에게만 열려 있다는 말이 아니고 이런 사람들에게 하나님의 도우심과 은혜가 절실히 요구된다는 말이다.

사람들에 의해서 버려지고 그것이 마치 하나님에게조차 버려진 것이라고 생각하던 시대, 그래서 그 누구도 종교적 편견과 억압에 저항하지 못하던 그 때 예수께서는 하나님 앞에서 모든 사람이 동등한 자격을 가지고 있음을 보여주셨다. 그것이 세리와 죄인의 친구가 되셔서 그들을 용납하심으로 그들을 예수 그리스도와 같은 지위의 사람들로 세워주신 것, 더 정확히 말하자면 예수께서 스스로를 죄인들의 모습으로 낮추신 것이다. 바로 이것이 예수께서 보여주신 용서, 즉 용납이다.

물이 움직이기 시작할 때 제일 먼저 들어가는 사람만이 고침을 받을 수 있다는 베데스다 연못(요5:2-9)과 같이 이 시대는 경쟁과 개인주의로 물들어 가고 있다. 다른 사람 위에 서야만 내가 살 수 있는 심각한 경제적 불균형, 심리적 갈등, 문화적 경향들이 우리를 하나님의 나라와는 동떨어진 삶을 살도록 강요하고 있다. 그리고 그렇게 살아가는 것이 지혜롭고 당연한 것처럼 여겨지기도 한다. 때로는 교회가 그런 것을 조장하여 명문대, 성공, 부의 축적이 마치 하나님의 복을 받은 표적인 것처럼 광고하며 떠들기도 한다. 사람들은 마치 예수님을 베데스다 연못가에 있던 38년 된 병자를 물이 움직일 때 물에 제일 먼저 들어가도록 도와주는 사람인 것처럼 오해하는 것 같다. 아니 그렇게 주님을 활용하고 있는지도 모르겠다. 그러나 예수께서 우리에게 베푸시는 은혜는 경쟁에서 이기도록 하시는 것이 아니라 그 경쟁을 거부하고 직접 찾아와 우리를 고치시고 인도하시는 것이다.

예수님의 치유는 경쟁에서의 승리를 통한 자기 확증이 아니라 하나님 앞에 단독자로 설 때 경험할 수 있는 온전한 자아의 회복이다. 경쟁을 통하여 우월한 고지를 차지한 사람에게 특권이 부여되는 것이 아니라 도움이 필요한 사람이라면 누구나 예수 그리스도 앞에 동등한 자격으로 설 수 있는 것이 바로 예수께서 베푸신 은혜이고 그곳이 바로 하나님의 나라이다.

하나님의 나라는 그 나라 공동체 안에 있는 모든 사람들의 서로를 향한 나눔과 용납을 통해 이루어진다. 나눔과 용납은 객관적으로 볼 때 누군가가 손해를 보고 누군가는 빼앗기는 것 같은 느낌을 주기도 한다. 그러나 하나님의 은혜는 우리에게서 자신의 소유와 권리에 대한 객관적 잣대를 무너뜨리고 그 안에 참 기쁨과 평안을 가져다준다. 우리가 다른 사람들을 향하여 나의 권리와 소유를 주장하기 시작 할 때 그곳에 나눔과 용서는 사라진다. 내 것을 내 마음대로 사용하는 것이나 원수에게 복수하는 것은 객관적으로 볼 때 옳은 일이다. 그러나 하나님의 나라와 기독교 신앙이 하나님의 값없는 은혜 위에 기초하게 될 때 우리는 이런 객관적 시각이 아니라 자발적 나눔과 용서의 삶을 살 수 있게 된다.

예수께서는 하나님 나라 공동체 안에 있는 형제간의 화해가 종교적 행위보다 우선한다고 가르치셨다(마5:23-24). 이는 당시 종교지도자들이 갖가지 편견과 오만으로 차 있으면서 종교 행위에 있어서는 매우 우수했던 것을 비판한 것이기도 하지만 지금의 우리 모습을 적나라하게 보여주는 것이기도 하다. 수많은 예배나 기도회가 하나님의 나라를 세우는 것은 아니다. 물론 하나님을 섬기고 신앙하는 일에 예배나 기도가 빠질 수는 없다. 그리고 그런 것들의 중요성을 간과하는 사람은 심각한 오류를 범하고 있는 것이다. 그러나 또한 우리가 명심해야 하는 것은 그런 종교적 행위 자체가 하나님의 나라를 세우는 것은 아니라는 사실이다. 아무리 예배를 많이 드린다 해도 형제를 향한 원한과 편견에 빠져 있다면 그 예배는 아무 것도 아니다. 예배 자체가 아무리 진실하다 할지라도 그 예배 자체가 선을 이루는 것이 아님을 기억해야 한다.

하나님께서 우리에게 원하시는 것은 용서이다. 개인적 차원에서 자신에게 피해를 주는 사람, 그리고 구조적 문제 속에서 종교적으로 혹은 사회적으로 소외되고 차별 받는 사람들을 용납하는 것이 하나님의 뜻을 이루고 하나님의 나라를 세우는 것임을 기억해야 한다. 우리가 우리의 이웃을 용납함으로 우리 자신을 그들과 동일한 위치에 세우지 않는다면 하나님께서도 우리를 하나님과 동일한 위치, 즉 하나님의 자녀라는 위치에 세우지 않으실 것이다. 우리가 우리에게 죄 지은 사람을 용서한 것과 같이 우리의 죄를 용서해 달라는 기도는 그런 의미에서 매우 중요하고 무겁다. 그 기도는 우리에게 결단을 요구하는 것이고 하나님 앞에서 우리의 삶에 일침을 가하는 것이다. 우리가 용서하지 않으면 하나님께서도 용서하지 않으시겠다는 선언은 우리가 하나님께로 도망갈 모든 구실을 닫아버린다. 하나님은 이웃을 사랑하지 못하면서 하나님을 사랑한다고 말하는 사람들을 원하지 않으신다. 형제를 용서하지 못하면서 자신은 용서받았다고 말하는 사람을 원하지 않으신다. 하나님은 지금 여기에서 우리가 우리의 형제를 사랑하고 용납하는 것을 원하신다.

일만 달란트 용서받았던 종이 겨우 500 데나리온 빚진 자를 옥에 가두었을 때 주인의 분노가 하늘을 찔렀던 것과 같이 우리가 우리의 형제를 용납하지 못하면서 스스로는 하나님 앞에 용납되었다고 떠들지라도 바로 그 때 하나님께서 얼마나 분노하실 지 우리는 생각해야만 한다. 하나님은 우리의 피난처가 되시고 산성이 되시지만 우리가 우리 이웃과의 책무를 저버린 채 하나님께로 도피하는 것을 원하시는 분은 아니다. 물론 우리가 다른 사람을 용서하지 못한다고 해서 하나님이 우리의 구원을 취소하시거나 정말로 우리를 용서하지 않으시지는 않겠지만 우리가 서로를 용납해야 하는 것에 대한 하나님의 강한 의지와 그렇지 못한 사람들에 대한 하나님의 분노가 이 말씀 안에 있음을 보아야 한다.

우리는 지금까지 하나님의 나라에 대하여 살펴보았다. 하나님의 이름이 멸시를 당하고 조롱받던 시대, 하나님께서 잠들어계신 것 같던 시대에, 하나님의 이름이 거룩히 여김을 받으시라는 기도는 하나님의 임재, 즉 하나님의 통치를 갈망하는 매우 강력한 표현이었다. 하나님의 나라와 그 나라의 뜻을 구하는 삶은 크게 두 가지의 모습으로 나타나게 된다. 첫째는 우리가 함께 우리의 양식을 구하는 것이고 둘째는 우리 앞에 있는 소위 '죄인들'을 용납하는 것이다. 하나님께서는 그 안에서 하나님의 나라를 이루시고 우리로 하여금 그 나라의 새로운 백성이 되게 하신다.

우리는 이제 주기도의 결론부를 향하여 나아가려고 한다. 우리를 시험에 들지 않도록 인도하여 달라는 기도는 주기도의 결론 역할을 하며 우리를 격려한다. 그러나 한 가지 우리가 이 기도를 살피기 전에 돌아봐야 하는 것이 있다. 그것은 하나님의 나라를 향한 우리의 마음이다. 지금까지 우리가 함께 살펴본 하나님의 나라를 향한 갈망이 우리에게 없다면 주기도의 결론인 시험에 들게 마소서라는 기도는 그 의미를 잃어버리게 된다. 더 솔직하게 고백하자면 그 기도 자체가 필요 없는 것이다. 시험이라는 것은 하나님의 뜻대로 살고자 하는 사람에게만 다가오는 것이기 때문이다. 하나님의 뜻과 말씀 앞에 순종하고자 하는 사람에게 유혹이 있고 갈등이 있고 시험이 찾아오는 것이지 그렇지 않은 사람에게는 시험도 없다. 그렇기 때문에 하나님의 나라를 향한 갈망 없이 시험에 들지 않기를 구하는 것은 이치에 맞지 않는다.

마가복음은 예수께서 사탄에게 시험을 받으러 광야로 나가실 때 성령께서 예수를 광야로 몰아내셨다고 표현하고 있다. 그것은 참으로 옳은 표현이다. 성령은 우리를 사탄의 시험장소인 광야로 몰아내신다. 우리가 하나님의 뜻을 행하고 그 뜻을 이루고자 마음에 뜻을 품을 때 성령은 우리를 광야로, 사탄에게로 인도하는 것이다.

마지막 장을 살펴보기 전에 우리 마음에 하나님을 향한 순전한 마음을 품었으면 좋겠다. 하나님의 나라와 그 나라의 삶을 살아가기로 결단하고 하나님께 우리의 삶을 의탁해 드렸으면 좋겠다. 그렇게 우리가 하나님 앞에서 우리의 마땅한 자세를 가지게 될 때 하나님께서는 우리를 통하여 역사하시고 일하실 것이다. 그리고 그 때 마귀의 시험이 의미하는 바를 더 정확하게 이해하게 될 것이고 마귀의 시험을 이기게 하시고 우리로 하여금 승리케 하시는 하나님의 큰 능력과 섭리를 경험하게 될 것이다.

이기심과 십자가

우리는 이미 3장에서 하나님의 나라와 세상 나라를 비교하면서 하나님의 나라가 세상나라로부터 배척을 받고 하나님 나라의 백성이 마귀의 시험과 위협 앞에 놓여 있음을 보았다. 주기도의 결론 역할을 하는 시험에 들게 하지 마시라는 간구는 이러한 상황을 전제로 하며 우리에게도 동일하게 있는 유혹 속에서 우리로 하여금 승리하도록 우리를 이끌어 준다.

헬라어 원문을 볼 때 본문에 대한 정확한 번역은 '시험에 들게 마소서. 뿐만 아니라 악에서 구하소서' 이다. 여기에서 '악' 이라는 단어는 그것이 명사형으로 사용될 때 '악한 자' 라는 뜻을 가지게 된다. 전통적으로 유대교에서 '악' 과 '악한 자' 를 동일시하여 사용했던 것을 고려할 때 이 기도는 시험을 주는 악한 자, 즉 마귀의 유혹과 권세로부터 구해달라는 기도이다. 그래서 이 본문에 대한 번역의 문제를 정리하면 '우리를 시험에 들게 마시고 나아가 악한 자에게서 구하소서' 쯤으로 번역 할 수 있다. 또한 유혹의 주체가 악한 자 즉 마귀이기 때문에 '악한 자에게서 구하소서' 라는 기도는 시험에 들지 않기를 구하는 기도의 다른 표현으로서 같은 내용에 대한 강조로 이해할 수 있다. 그래서 우리는 여기에서 이 둘을 분리하여 보지 않고 하나로 이해하여 주님께서 말씀하신 것의 의미를 찾고자 한다.

1. 극단적 이원론과 영적전쟁

예수께서 살아가셨던 시대와 초기 기독교 시대는 헬라문화가 팔레스타인을 점령해 가던 시대였다. 이원론으로 대표되는 헬라철학

이 팔레스타인에 영향을 미쳤고 그 결과 우리가 익숙하게 들어 온 묵시사상이 생겨났다. 그 이후 기독교가 로마에서 공인 되면서 기독교 신학은 헬라철학 위에 세워지게 되었다. 기독교 신학이 헬라철학 위에 세워진 것은 득과 실 양면을 가지고 있다. 기독교 교리가 조직적이고 이론적으로 확립된 것이 득이라면 기독교 복음의 지나친 교리화 혹은 극단적 이원론이 실이라 할 수 있다.

이원론은 헬라 철학자 플라톤의 사상을 근간으로 하고 있다. 플라톤은 눈에 보이는 이 세상과 눈에 보이지 않는 저 세상을 구분하여 생각하였다. 저 세상을 이데아라고 불렀는데 이 땅에 보이는 모든 사물들은 이데아에 본질의 형상을 가지고 있다는 것이다. 그래서 이데아에 있는 본질이 이 땅에 형상으로 나타난 것이 물질세계인데 문제는 이데아는 선하지만 이 땅에 있는 물질은 악하다는 것이다. 그래서 이 땅에 있는 악한 형상들이 구원을 받는 길은 오직 이데아에 있는 본질로 돌아가는 것뿐이라는 것이다.

전통적으로 구약 안에 나타난 사고와 신약의 전반적인 흐름은 이원론적이지 않다. 물론 때때로 영과 육을 분리해서 설명하고 가르치기는 하지만 그것이 헬라적으로 철저하게 분리된 이원론을 말하는 것은 아니다. 성경은 영과 육의 연합과 전인적 인간이해를 우리에게 전해 준다. 그러나 기독교 교리가 정리되고 세워지는 과정 가운데 헬라적 이원론이 강하게 영향을 미치면서 은연중 우리는 성경을 대할 때, 그리고 기독교를 이해할 때 이원론적 사고를 가지게 되었다. 선과 악의 대립, 하나님과 마귀의 전쟁, 천국과 지옥의 분리, 이 세상과 저 세상의 단절, 육체와 영혼의 대결과 분리, 교회와 세상의 분리, 교회에서의 삶과 사회에서의 삶의 단절, 거룩함과 세속의 오해, 이 모든 것이 이원론적 사고의 열매들이다.

그리고 그 안에 육은 악하고 영은 선하다는 헬라적 사고가 강하게 영향을 미치면서 육체적인 것을 거부하고 이 세상을 부인하고 마귀에 대한 이론을 세워서 적대시 하는 것이 선한 것인 양 생각해 왔다. 그러나 이런 극단적 이원론은 성경적 사고가 아니다. 일부 기독교단체들이 이런 극단적 이원론의 모습을 보이는데 모든 일에 영적인 의미를 부여하려 하고 모든 사건을 선과 악의 대립 혹은 마귀와의 대결로 해결하려고 하는 방식이 그것이다. 그래서 영적전쟁이라는 이름으로 마귀를 향해서 명령하고 더 나아가 악한 영의 기운을 없애기 위해 땅을 돌아다니며 기도하는 것을 보게 된다. 그러나 성경에서 우리는 그런 식의 영적전쟁을 발견하지 못한다. 사실 이런 행위들은 성경적이라기보다는 극단적 이원론에 근거한 매우 미신적 행위들이다.

예수께서는 악한 영에 억눌려 고통 받는 사람을 찾아가 그를 사랑하고 위로하며 그를 고치심으로 어둠의 영을 물리치셨지 한 지역을 돌아다니며 소리치거나 대적기도를 하거나 악한 영을 향하여 명령하는 방식으로 영적전쟁을 하지 않으셨음을 기억해야 한다. 고통 받는 한 인간의 삶의 현장에 들어가지 않고 허공을 향해 외치듯 영적인 대상을 향해 소리치는 것은 성경적이지도 않을 뿐만 아니라 우리를 하나님 앞에서 편하고 쉬운 길로 유혹하는 걸림돌이 될 수도 있다.

사실 어둠의 영에 의해 고통 받는 한 사람의 삶에 찾아가 그를 위로하고 그를 위해 기도하며 그에게 하나님의 나라가 임하여서 새로운 생명으로 거듭나도록 하는 일은 매우 힘들고 많은 인내를 필요로 하는 과정이다. 그것이 십자가를 지는 길이고 그 한 생명을 살려내는 것이 참으로 자기를 부인하는 과정이다. 그러나 극단적 이원론은 우리로 하여금 육신을 가지고 있는 연약한 인생의 한 복판에 서게 하는 것이 아니라 그 삶으로부터 도피하여 영적이라는 이름아래 현실이 아니라 허공에 서게 한다. 영적전쟁이라는 이름으로 영적 대상을 향하여 외치며 소리치는 것은 간편한 일이다. 마음 아파해야 할 것도 없고, 인내해야 할 일도 없다. 자기를 부인해야 하는 것도 아니다. 그러나 예수께서는 한 생명을 살리고 구원하기 위해 자기를 부인하고 십자가를 지셨으며 고통 받는 인생의 삶의 자리에 찾아 오셔서 그들과 함께 하셨다. 그 삶은 인내해야 하는 것이고 자신을 부인해야 하는 것이고 때로는 가슴 아파하며 눈물 흘려야 하는 것이었다.

영적 대상을 향해 외치는 영적 전쟁이 무익하다는 말이 아니다. 악한 영에 의해 억눌려 있는 사람들의 삶의 현장을 벗어난 외침이 무익하다는 것이다. 진정한 영적 전쟁은 허공에서 이루어지는 것이 아니라 우리가 살아가는 삶의 현장 속에서, 그리고 그 안에서 이루어지는 만남을 통해서 진행되는 것이다. 예수께서 어둠의 권세를 이기신 것은 친히 인간들을 위해 자신의 몸을 찢으시고 고통당하신 현장에서 이루어진 것이다.

전에 예수 전도단이라는 선교단체에서 파송 되어 아프리카 케냐에서 선교사역을 감당하고 계시던 선교사님의 설교를 들은 적이 있는데 그 말씀을 아직도 잊을 수 없다. 그분이 하시던 핵심적인 사역은 빈민가 어린이들에게 점심을 나눠 주는 것이었다. 먹을 것이 없어 하루 한 끼 식사도 제대로 하지 못하는 어린이들에게 점심 식사를 나눠주고 마실 물이 없어 온갖 수인성 전염병에 그대로 노출되어 있는 그들을 위해 우물을 파는 것이 사역의 핵심적인 부분을 차지하고 있었다. 그 선교사님께서 그 말씀들을 하시며 자신은 그 사역이 영적 전쟁이라고 생각한다고 하셨던 것을 기억한다. 먹을 것이 없어서, 마실 물이 없어서 죽어가는 어린이들에게 먹을 것을 나눠주고 마실 물을 마련해 주고 그들의 삶의 현장에 함께 서는 것, 그것보다 더 한 영적 전쟁은 없다. 마귀는 우리로 하여금 더 편안 삶, 더 고상한 삶, 이기적이고 개인적인 삶을 누리라고 우리를 유혹한다. 그 유혹을 떨쳐버리고 고통 받는 하나님의 백성들에게로 나아가는 것이 진정한 영적 전쟁이다.

주께서 가르치신 기도는 우리로 하여금 마귀의 유혹에 빠지지 말 것, 마귀를 대적할 것을 가르친다. 즉 영적 전쟁이 우리에게 있고 거기에서 승리해야 할 것을 말씀하신 것이다. 그러나 또 한 가지 놀라운 사실은 예수 그리스도의 말씀 가운데 마귀나 영적 세력과의 대결에 대한 직접적 언급이 매우 적다는 것이다. 이것은 우리에게 진정한 영적전쟁이 무엇인지에 대하여 말해준다. 마귀나 귀신에 대하여 늘 이야기 하고 그들의 전략을 파헤치는 것이 진정한 영적 전쟁이 아니라는 사실, 그리고 그렇게 해야 승리하는 것도 아니라는 것이다. C. S. 루이스가 스크루테이프의 편지에서 언급하고 있듯이 사탄이나 귀신에 대한 집착은 오히려 사탄의 마력에 더 쉽게 빠져들게 한다는 말을 우리는 깊이 있게 생각해야 한다.

전에 어떤 분이 설교하면서 마귀 탓 하지 말라며 마귀를 옹호하는 듯 한 농담 섞인 말을 했던 것을 기억한다. 마귀의 입장에서 볼 때 자신이 한 일이 아닌 것도 사람들이 모두 다 자기 탓 하면 얼마나 억울하겠냐 말씀하시면서 마귀 탓 하며 자신의 잘못이나 죄에 대하여 책임 회피하려는 것을 경계한 말씀이었다. 물론 그분이 마귀를 두둔한다는 비판을 받을 수 있을지는 모르겠지만 한 번쯤 깊이 생각해 봐야 할 말이다. 우리는 너무 쉽게 우리가 해야 할 일을 하나님께 미루어 버리기도 하고 우리가 회개해야 할 잘못을 마귀 탓으로 돌려버리기도 한다. 영적 전쟁에서도 마찬가지이다. 우리가 마땅히 해야 할 일은 하지 않은 채 영적인 세력과 맞선다는 이름으로 영혼의 세계로 도피해 버릴 때가 있다.

같은 맥락에서 나는 개인적으로 '영혼 구원' 이라는 말을 좋아하지 않는다. 물론 그 영혼이라는 말이 한 사람의 온 인격과 그의 삶 전체를 포함한 말이라면 그것은 아무런 문제가 없다. 그러나 영혼 구원을 외치며 그 사람의 삶의 문제와 아픔에는 관심 없고 오직 죽어서 천국 갈 일만 생각하고 그의 영혼에만 관심 갖는 것이라면 그 영혼 구원은 문제를 안고 있는 것이다. 때로는 마땅히 다른 사람을 사랑하고 섬겨야 하는 일을 저버리고 영혼의 세계로 피신하는 핑계거리로 영혼구원을 외칠 때가 많은 것이 사실이기 때문이다.

영적 전쟁은 피할 수 없는 사실이다. 지금도 악한 영은 우리를 유혹하고 우리를 넘어뜨리기 위해 큰 입을 벌리고 있다. 우리가 마귀의 유혹에 넘어가 시험에 든다면 우리는 이 땅에 하나님의 나라를 이룰 수 없게 된다. 그래서 깨어 있어야 하는 것이고 기도해야 하는 것이다. 마귀는 예수 그리스도의 하나님 나라 선포를 방해하기 위하여 끊임없이 예수 그리스도를 유혹하였고 예수께서도 시험에 들지 않기 위하여 늘 깨어 기도하셨다.

그러나 우리가 영적전쟁에서 승리해야 하는 것보다 더욱 중요한 것은 우리가 감당할 영적 전쟁의 현장이 어디인가 하는 것이다. 이 영적 전쟁이 하늘 어디에선가 이루어지는 것뿐이라면, 이 전쟁이 우리의 기도 속에서만 이루어지는 것뿐이라면 그 전쟁은 반쪽짜리 전쟁이 되고 말 것이다. 사실 우리가 이 땅에서 거룩한 삶을 살아갈 때 하늘에서 또한 천사들과 악한 영들의 전쟁이 진행되고 있는지도 모른다. 그러나 그것은 우리의 영역이 아니다. 우리의 영역은 우리가 살아가는 삶의 현장에서 하나님을 의지함으로 거룩한 삶을 살아가는 것이다. 예수께서는 이 땅의 많은 사람들을 억누르고 있던 마귀의 권세에 대항하여 어둠의 영과 싸우셨지만 그 싸움은 동시에 병든 사람을 고쳐주고 가난한 사람들에게 소망을 주고 죄인으로 낙인 찍혀 고생하는 사람들에게 죄사함을 전해주는 것이었다. 예수님의 영적 전쟁의 장은 바로 그분의 삶이었음을 우리는 기억해야 한다.

예수원에 계셨던 대천덕 신부님의 생전에 있던 일화를 다른 사람을 통하여 들은 적이 있다. 전해들은 것이기 때문에 얼마나 당시의 상황을 정확하게 이해한 것인지 모르지만 한번은 귀신들려 고통 받던 한 여인이 대천덕 신부님과 여러 목사님들이 함께 계시던 자리로 인도되었다고 한다. 이 여인이 소리를 지르고 폭발적인 괴력으로 난동을 부리기 시작했다. 여러 목사님들이 이 여인의 팔다리를 붙잡고 기도하기 시작했다. 귀신을 향해서 떠나가라고 명령하고 소리치며 기도했지만 그 여인의 상황은 호전되지 않았다. 목사님들과 그 여인이 지쳐갈 무렵 대천덕 신부님께서 목사님들을 향해 그만 그 여인을 괴롭히고 놓아 주라면서 그 여인을 꼭 안아 주었을 때 귀신이 떠나가고 그 여인이 평안해 졌다고 한다. 귀신을 향해 소리치며 명령하던 목사님들은 영적 전쟁의 현장이 하늘 어디쯤이나 영의 세계 어딘가에 있다고 생각했던 것 같다. 그러나 대천덕 신부님은 영적 전쟁의 현장을 하늘 어디나 영적 신비의 세계 어딘가가 아니라 그녀의 삶과 자신의 삶 속의 만남 안에 있다고 여긴 것 같다. 그래서 그녀의 삶의 아픔과 현재의 고통을 바라보고 그녀를 사랑으로 품은 것이다. 이 때 예수 그리스도의 능력이 역사하고 하나님의 승리가 나타난 것이다.

극단적 이원론에 근거한 영적 세계에 대한 이해는 진정한 승리로 우리를 인도하지 못한다. 예수께서 마귀의 유혹을 이기고 승리하신 방법은 늘 깨어 기도하는 것이었는데 그 기도는 허공을 치는 것이거나 악한 영들을 향하여 소리 지르는 것이 아니라 예수께서 제자들에게 요구하신 것과 같이 자기를 부인하고 십자가를 지는 길, 즉 자신의 개인적 욕구를 내려놓고 많은 죄인들과 연약한 사람들을 위해서 자신의 목숨을 아낌없이 주는 것이었다. 예수님의 겟세마네 기도가 이 사실을 잘 보여주는데 하나님의 뜻과 자신의 욕망 사이에서 갈등하시며 결국 예수께서는 하나님의 뜻 앞에 순복하심으로 자신을 온전히 드리셨다. 이 자리에서 예수님의 영적 전쟁은 끝이 났고 마귀의 패배와 함께 승리하신 것이다.

2. 마귀의 유혹과 자아의 세계

우리는 우리를 향하여 입 벌리고 달려드는 마귀의 시험을 더욱 잘 이해하기 위하여 우리와 동일하게 시험 당하셨던 예수님의 시험을 살펴봐야 한다. 하나님 나라 사역을 감당하시기에 앞서 예수께서는 성령의 능력을 힘입으시고 성령의 이끌리심에 의해 마귀에게 시험 받는 장소로 나가셨다. 예수께서 시험 받으신 사건을 성경은 단회적 사건처럼 우리에게 보도하지만 실상은 예수님의 시험 받으심이 일회적으로 있었던 사건이라기보다는 예수님의 생애 전체에 걸쳐 있던 마귀의 유혹으로 이해하는 것이 더 정확할 듯하다. 마귀의 시험은 세 가지로 나타나는데 첫째는 돌들로 떡을 만들어 먹으라는 것이고 둘째는 성전에서 뛰어내려 자신의 하나님 아들 됨을 증명하라는 것이고 셋째는 마귀에게 경배하고 천하 영광을 가지라는 것이었다(마 4:1-11).

그런데 이 세 가지의 시험을 자세히 들여다보면 이 세 가지의 시험의 공통적인 특징을 발견할 수 있다. 이 시험들이 한 결 같이 예수님의 '자아', 즉 이기심에 초점이 맞추어져 있다는 것이 그것이다. 사실, 예수께서 돌맹이로 떡을 만들어 먹는 것이 무슨 시험이겠는가? 물 위를 걸어 다니시고 풍랑을 잔잔케 하시고 겨우 떡 다섯 덩이로 오천 명 이상을 먹이시고 심지어 죽은 사람도 살아나게 하시는 분이 돌맹이를 떡으로 만들어 먹는다는 것 자체가 무슨 죄이겠는가? 마귀의 요구는 부당한 것이 아니었고 예수께서 설령 그렇게 하신다 하여도 별다른 문제가 없어 보인다. 돌맹이를 떡으로 만드는 것 자체가 문제가 아니라는 말이다. 단순히 마귀가 요구한 것을 실행한 것이 잘못이라는 것 또한 이치에 맞지 않는다.

예수님을 향한 마귀의 시험들은 예수의 자아라는 관점에서 이해할 때 정확히 알 수 있다. 마귀는 예수님의 이기심을 건드리고 있는 것이다. 예수님을 향하여 '너의 능력을 너의 배고픔을 위해 사용하라', '너의 지위를 증명하여 너의 자리를 찾아라', '너의 의지를 사용하여 세상 권세를 네 것으로 소유하라' 고 유혹하는 것이 마귀의 시험이 가진 본질이었고 공통적인 요소였다. 예수께서는 수많은 기적들-돌맹이로 떡을 만드는 것보다 더 한 기적들을 행하셨지만 그것을 자신을 위해 사용하시지는 않았다. 예수께서는 하나님의 아들이셨지만 그것을 증명하려 하지 않았고 하나님의 아들 됨을 이유로 권력을 행사하려 하지도 않았다. 예수께서는 세상 모든 것을 가지실 수 있었지만 오히려 자신의 목숨을 세상을 위해 내어 주심으로 마귀의 모든 시험을 이기신 것이다.

마귀가 예수님을 시험했던 것과 같이 지금도 우리를 유혹하는 마귀의 시험은 본질적으로 이기심과 개인의 복지에 대한 강화로 나타난다. 마귀는 계속해서 우리가 가진 재화와 능력을 자신을 위해 사용하도록 부추긴다. 더 나아가 우리가 가지고 있는 기득권을 포기하거나 선천적 능력을 희생하지 않고 오직 자신을 위해 사용하는 것이 현명한 길이라고 우리를 유혹한다.

예수께서 하나님 나라를 선포하시며 그 나라를 세워갈 제자들을 부르실 때 '나를 따라오려는 자는 자기를 부인하고 자기 십자가를 지고 따라야 한다(마16:24)' 고 말씀하신 것은 단지 제자들을 각성시키기 위한 말씀이 아니었다. 본회퍼가 자신의 책 '나를 따르라' 에서 말하고 있는 것과 같이 예수께서 그 말씀을 하실 때 그것은 영적인 의미를 담아서 해석해야 할 말씀을 주신 것이 아니었다. 예수께서는 실제로 제자들에게 자기를 부인해야 할 것 즉, 궁극적으로 목숨을 내어 놓아야 할 것을 말씀하셨다. 왜냐하면 자기를 부인하지 않는 사람은 마귀의 유혹에서 자유로울 수 없기 때문이다. 마귀는 끊임없이 우리로 하여금 우리 자신의 권리를 주장하도록 부추기고 요구한다. 그래서 예수께서는 자기를 부인하는 것, 십자가 지는 것을 거부하며 대적한 베드로를 향하여 사단이라고 부르신 것이다(마16:23).

우리가 하나님의 자녀가 되었기 때문에 우리가 다른 사람들 보다 더 많은 권리를 가지는 것이 마땅해 보인다. 우리가 하나님 앞에서 더 많은 충성을 한다면 더 많은 상을 받는 것이 합당해 보인다. 그러나 예수께서는 하나님의 아들로서 누려야 할 특권을 포기하시고 그저 평범한 인간으로 사시고 또한 죽으셨음을 우리는 잘 알고 있다. 예수께서도 끊임없이 마귀의 유혹 앞에 싸우셔야 했고 그 싸움은 자신의 생의 마지막 순간까지 계속 되었다. 자신의 정당한 권리를 주장하는 것이 마땅한 것처럼 보이지만 때로는 그것이 마귀의 속임수일 수 있다는 것을 우리는 꼭 기억해야 한다.

마귀가 예수 그리스도를 시험하며 '너 자신의 권리를 찾으라'고 속삭일 때 예수께서는 돌덩이조차도 빵으로 만들 수 있는 능력을 자신의 배고픔을 해결하는데 사용하신 것이 아니라 굶주리며 방황하는 하나님의 백성들을 위해 사용하셨다. 하나님 아들로서의 권리를 사용하여 자신의 능력과 지위를 확증시켜 보여준 것이 아니라 이 땅의 모든 사람들을 하나님의 자녀 삼기 위해 희생하셨다. 기꺼이 자신의 뜻대로 사용하여 이 세상 것들을 취할 수 있는 의지를 자신의 안락함과 명예를 위해 사용한 것이 아니라 십자가를 지고 이 땅의 백성들을 살리는 일에 드리셨다. 그렇기 때문에 예수 그리스도의 삶이 십자가를 지는 삶이었고 자기를 부인하는 삶이었다. 예수께서는 우리를 그 길로 부르시는 것이다.

미국의 특질심리학자인 G. Allport의 연구 결과에서 특이한 사항을 접하게 되는데 종교적으로 연관되어 있는 사람과 종교행위 참석이 많은 사람에게 권위주의와 편견의 점수가 높게 나타난다는 보고가 그것이다. 물론 모든 사람이 그런 것은 아니지만 상당수의 기독교인들에게도 동일한 현상이 나타나는 것을 볼 수 있다. 그들에게 있어서 신앙은 자기를 부인하고 십자가를 지는 것이 아니라 올포트가 말하는 것과 같이 자기중심적이며 자기의 감정적, 육체적 복지를 강화하기 위한 수단일 뿐이다. 위로와 안전, 사교, 지위, 자기합리화를 위하여 신앙의 내용들을 자신에 맞게 변형하여 사용하기 때문에 이들은 건강하지 못한 신앙을 가지고 있을 뿐만 아니라 사회생활에서도 잘 적응하지 못한다는 것이다.

사실 이런 내용은 심리학적 분석이 아니더라도 쉽게 알 수 있는 것들이다. 마귀의 유혹은 계속해서 우리로 하여금 자기를 부인하는 삶이 아니라 자기의 유익을 구하는 삶으로 부르고 있기 때문에 우리가 깨어 있지 않는다면 우리는 자신도 모르는 사이에 자기 자신의 유익을 구하며 권위적이고 편견과 오만에 쌓인 사람이 되기 쉽다.

우리가 마귀의 유혹에 깨어 있지 않아서 당하게 되는 진짜 어려움은 사실 질병이나 가정의 문제, 혹은 경제적 어려움이 아니다.

우리가 겪게 되는 가장 큰 어려움은 하나님 앞에서의 교만, 사람들 앞에서의 편견과 독단, 하나님께로부터 받은 은혜를 당연하게 여기는 둔탁한 마음, 자신의 복지에는 민감하면서 이웃의 고통에는 무감각한 마음, 이런 것들이 우리가 진정으로 경계해야 할 위험한 유혹들이다. 이 모든 것들이 바로 예수 그리스도를 시험했던 마귀의 시험이 가지고 있는 본질적인 요소들이었다.

예수께서는 율법을 '하나님을 사랑하는 것'과 '이웃을 사랑하는 것'으로 정의하셨다. 그리고 그것이 곧 하나님의 뜻이라고 말씀하셨다. 그러나 어떤 사람들은 이 계명에 다른 계명 하나를 더 추가한다. 네 이웃을 네 몸과 같이 사랑하라는 말씀을 이유로 먼저 '자기 자신을 사랑해야' 한다고 가르친다. 물론 그 말의 의도를 모르는 것은 아니다. 자존감이 사라지고 자신을 하나님께서 창조하신 귀한 존재로 여기지 못하는 사람들을 향하여 하나님의 사랑을 전하기 위한 도구로 사용한다는 의미에서 매우 중요한 가르침일 수 있다.

그러나 그것이 오해되고 오용될 때 그리스도인을 세상에서 권위적이고 편견이 가득한 사람으로 만들 수 있음 또한 기억해야 한다.

우리는 우리 자신을 사랑해야 한다. 그래야 건강한 인격으로 설 수 있다. 그러나 하나님께서는 우리에게 자신을 사랑하라고 계명을 주시지는 않으셨다. 왜냐하면 자신을 사랑하는 것은 인간의 본성이기 때문이다. 물론 왜곡된 환경과 가르침 속에서 자신을 비하하고 귀하게 여기지 못하는 일들이 많이 일어나기는 하지만 인간의 본성 안에는 자신을 사랑하고자 하는 마음이 가득 차 있다. 그렇기 때문에 하나님께서는 우리를 향하여 자신을 사랑하는 것처럼 이웃을 사랑하라고 가르치시는 것이다.

디모데후서 3장 1-2절은 말세에 일어날 일들을 말하면서 제일 먼저 사람들이 자기를 사랑한다고 말하고 있다. 여기에서 자기를 사랑한다는 것은 자신을 존귀한 하나님의 자녀로 여긴다는 의미가 아니라 이기적이고 자기중심적인 사람, 더 나아가 오로지 자신의 복지에만 전념하는 사람을 의미한다. 더 나아가 디모데후서는 바로 앞의 2장 26절을 통하여 그것이 마귀의 덫임을 말하고 있다. 말세에 마귀의 덫에 사로잡힌 사람의 가장 핵심적인 특징이 바로 자기만을 사랑하는 것이다. 이것이 마귀의 시험이고 우리를 옭아매려는 마귀의 전략인 것이다.

3. 승리의 삶

앞장을 통하여 우리는 하나님의 나라를 세워가는 두 개의 기둥이 '일용할 양식을 구하는 것' 즉 이웃의 필요에 민감하게 우리의 삶을 나누는 것과 '서로 용서하는 것' 즉 서로를 용납하고 하나님 앞에 모든 사람이 동등한 위치에 서는 것임을 살펴봤었다. 사실 우리가 경험하는 마귀의 유혹의 대부분은 이 두 가지와 깊이 관련되어 있다. 사단은 지속적으로 우리를 이기적이고 교만한 사람으로 만들어간다. 그러나 하나님은 우리로 하여금 이웃을 사랑하고 겸손한 사람이 되도록 격려하신다.

사실 누군가에게 자신의 양식을 나누어주고 다른 사람을 용납하며 용서한다는 것은 스스로를 약한 사람으로 만드는 것이다. 스스로 약해지지 않으면 누구도 이런 일을 할 수 없다. 물론 남에게 보이기 위해서, 혹은 자신의 행위를 자신의 믿음에 대한 증거로 보여주기 위해서 이런 일을 할 수는 있지만 본질적으로 스스로 약해지지 않고서 누군가에게 자신의 것을 나눠주고 용서하는 것은 불가능한 일이다. 그리고 세상에서는 그런 사람을 실제로 연약한 사람이라고 부른다. 또한 그런 평가가 인간의 본성에 따른 정당한 것일 수 있다. 누군가를 용서한다는 것은 스스로 약해지는 것일 뿐만 아니라 그 연약함 속에서, 그 연약함을 통하여 다른 사람을 보는 것이기 때문이다. 예수께서도 마귀의 유혹을 뿌리치며 자신의 삶에 가장 중요한 결정을 내리신 것은 다름 아닌 연약함 속에 들어가는 것, 즉 십자가라는 고난의 자리에 서는 것이었다.

우리는 예수 그리스도의 십자가에 대하여 환상적인 시각을 가지고 있을 때가 있다. 그러나 예수 그리스도의 십자가는 처참하고 볼품없는 것이었다. 연약함과 무력함의 대명사가 십자가이다. 십자가에는 어떤 로맨스도, 어떤 환상도 없다. 그곳에는 오직 무력함과 처절함과 연약함만이 있을 뿐이다. 그리고, 그러나, 그럼에도 불구하고 그것이 하나님의 능력이었다. 하나님의 능력은 힘으로 누군가를 혹은 무엇인가를 지배할 때 드러나지 않았다. 하나님의 능력은 아름다움과 매혹적인 무엇인가를 통해 나타나지도 않았다. 오직 하나님의 능력은 연약하고 무력한 십자가의 현장에서 나타났다. 이것이 예수 그리스도의 승리의 비결이고 또한 우리가 악한 마귀의 계략으로부터 승리할 수 있는 능력의 원천이다.

하나님은 우리가 연약할 때 더 큰 사랑으로 우리를 사랑하신다. 왜냐하면 하나님께서는 우리의 아버지이시기 때문이다. 3개월 된 어린 아이가 공식적인 모임의 장소에서 기저귀에 똥, 오줌 싸고 운다고 그 아이를 나무랄 사람은 아무도 없다. 왜냐하면 그 아이는 아직 연약하고 무력하기 때문이다. 사실 한 사람이 이 세상에 태어나서 가장 많은 사랑을 받을 때는 아직 아무런 능력이 없고 가장 연약한 어린아이일 때이다. 부모는 그 연약한 아이에게 가장 많은 사랑과 전폭적 은혜를 베푼다. 하나님께서도 우리가 가장 연약할 때 우리에게 가장 큰 사랑을 베푸신다. 예수께서 가장 연약한 모습으로 십자가를 지고 죽음의 현장에 섰을 때 하나님의 가장 큰 사랑이 자신의 아들과 이 세상의 자녀들에게 나타났다.

우리가 다른 사람을 용납하고 용서하고 우리의 양식을 나눔으로 우리 스스로를 낮추어 연약함 가운데 노출될 때 하나님의 큰 사랑을 경험하게 된다. 그리고 그 큰 사랑이 우리에게 능력이 되어 마귀의 유혹을 이길 힘을 얻게 된다. 우리가 자신이 가지고 있는 모든 방어막들을 제거하고 우리 스스로를 하나님과 이웃 앞에 노출시키고 우리의 것을 나누기 시작할 때 우리의 모습이 연약해 지는 것 같지만 연약한 아이를 돌보는 부모와 같이 하나님께서 우리를 보호하시고 도우시기 때문에 우리는 진정 강하고 능력 있는 사람이 된다. 우리는 이렇게 우리와 함께 하시는 하나님을 신뢰하고 그 하나님을 의지함으로 마귀의 모든 시험을 이길 수 있는 것이다.

마귀의 유혹은 매우 은밀하고 치밀하다. 특히 물질숭배가 심각한 이 시대에 마귀는 하나님의 백성들을 유혹하여 하나님의 통치를 거부하고 스스로 살아가도록 우리를 유혹한다. 그러나 하나님은 우리가 스스로 살아가는 존재가 아니라 하나님을 의지하고 함께 모여 살아가야 하는 존재임을 우리에게 말씀하신다. 그 공동체가 교회이고 이 나라이고 온 세계에 흩어져 있는 하나님의 모든 백성들이다. 예수께서 시험에 들지 않기 위해 늘 깨어 기도하셨던 것처럼 우리도 깨어 기도함으로 예수께서 선포하셨던 하나님의 나라를 우리의 삶의 영역에도 이루어 가야 한다.

나·가·는·말 _ 하나님 나라의 선교

희망은 어디에서 오는가? 자기 개발서에서 말하는 것과 같이 무조건 자기를 긍정하면 새로운 세계가 열리는가? 아니면 자신의 잘못을 숨기고 새로운 비전을 향해 달려가기만 하면 희망이 오는가? 많은 사람들이 이런 자기 긍정이나 앞을 향한 질주에서 안정감을 누리기도 한다. 그러나 안타깝게도 그러한 자기 긍정이나 앞을 향한 질주가 심리적 안정을 줄 수는 있겠지만 심리적 안정이 희망으로 이어지는 것은 아니다. 우리가 자신에 대한 개혁을 포기한 채로 현실에 안주하거나 잘못을 덮어 버린 채로 전진한다면 그곳에서 희망을 기대할 수는 없는 것이다. 오직 희망은 자신을 변화시키기 위한 살을 에는 아픔을 통해서, 자신의 더러움과 연약함을 똑바로 바라보기 위한 고독 속에서만 가능하기 때문이다.

우리는 지금까지 주기도를 통하여 교회의 참된 희망에 대하여 이야기 했다. 희망이 무조건적인 긍정에서 오지 않는 것과 같이 교회

의 희망도 교회를 무조건 찬양하고 칭찬하는 것에서 오지 않는다. 오히려 잘못을 인정하고 하나님께서 원하시는 것이 무엇인지 진지하게 돌아볼 때 참 희망이 있는 것이다. 정치인들이 늘 그러듯이 잘못을 덮어놓고 시간이 지나기를 바란다면, 그 잘못이 잊혀질 수는 있겠지만 그 망각과 함께 희망도 사라지는 것이다. 우리는 오직 우리의 있는 모습을 그대로 드러내놓고 이 땅을 향하여 겸손하고 진실하게 엎드리는 비전 안에서만 희망을 찾을 수 있다.

이 글의 초고를 쓰기 얼마 전 한 교회 교인들의 아프간 피랍사태와 연예인을 비롯하여 기독교 지도자들을 포함한 사회각층 지도자들의 허위학력 파문이 전국을 흔들고 갔다. 마지막 탈고를 하고 있는 지금 시점에서 이런 일들은 이미 사람들에게서 잊혀져 버렸다. 그러나 그 일들이 남기고 간 상처는 여전히 남아있는 듯 하다. 그 사건들로 말미암아 교회의 위상은 땅바닥에 떨어졌고 교회에 대한 부정적인 이미지는 많은 사람들에게 깊이 각인 되었다. 물론 전쟁중인 위험 지역에 무리하게 선교단을 파견한 교회나 허위학력 파문의 중심부에 서 있던 목회자들을 개인적으로 비난할 수는 없다. 우리 모두가 똑같이 연약한 사람들 아니던가? 하지만 이 땅의 교회가 선교의 모습을 돌아보고 하나님 앞에서 정직을 회복하여 새로워져야 함은 잊지 말아야 할 교훈과 과제로 남아있다.

어째서 기독교 지도자들이 세상에서 지탄받기에 충분히 비도

덕적인 일들을 서슴없이 자행했을까? 어째서 모범적인 교회생활과 종교행위를 보이는 사람들이 사회에서는 비도덕적이고 악행을 서슴지 않는 모습으로 살아가는 것을 그리도 자주 보게 되는 것일까? 쉽게 답이 나오는 것은 아니지만 우리가 깊이 생각하며 기도해야 할 우리 모두의 숙제임은 분명하다. 그들을 개인적으로 비난할 것이 아니라 우리에게 깊이 박혀 있는 구조적 문제가 무엇인지 살펴야 하는 것이다.

지금까지 교회는 교회생활에만 충실하면 그 사람을 믿음이 좋은 사람으로 인정하고 그 사람을 교회의 지도자로 세우는 경향이 있었다. 교회의 예산을 충당하고 다양한 프로그램을 운영하기 위해서 그렇게 했을 것이다. 그 결과 세상에서는 온갖 비리를 저지르고 노동자들의 임금을 착취하는 악덕업주라 하더라도 교회출석 잘 하고 십일조 잘 내고 헌금 많이 하면 신앙이 좋은 사람, 하나님께서 기뻐하시는 사람으로 둔갑되었다. 자신을 돌아보고 회개하는 일보다 교회의 몸집을 키우고, 예산 규모를 늘리고, 더 많은 프로그램을 개설하는 것이 하나님 나라의 확장이라고 생각했기 때문일 것이다. 그래서 교회가 성도들에게 '교회생활'에만 충실하면 다른 것은 중요하지 않은 것처럼 가르쳐왔다.

마치 중세교회가 성 베드로 성당의 건축을 위해 면죄부를 판매했던 것처럼 지금도 교회가 교회의 예산확충과 프로그램을 위해 '교

회생활' 이라는 신종 면죄부를 판매하는 것 같다. 세상에서 아무리 거짓되고 교활하게 산다 해도, 그래서 형제의 가산을 삼키고 다른 사람의 임금을 착취하고 거짓된 속임수로 높은 지위에 오르고 권력을 이용하여 다른 사람을 억압한다 할지라도 크게 문제가 되지 않는다. 교회가 주는 면죄부 즉 훌륭한 십일조 생활과 헌금, 그리고 철저한 주일 성수만 만족된다면, 그래서 교회의 지위와 기득권 유지에 도움만 된다면 그 모든 죄를 용서받을 수 있기 때문이다.

지금 한국교회에 필요한 것은 새로운 프로그램이나 아름다운 건물이 아니라 회개이다. 우리가 회개해야 한다. 회개를 하되 변명하지 않고 회개해야 한다. 교회가 회개하지 않는다는 말이 아니다. 교회가 비난을 받고 상황이 안 좋아지면 너나 없이 많은 사람들이 회개의 목소리를 낸다. 그러나 홍수에 마실 물 없다고 그 많은 회개의 목소리 중 변명 없는 회개를 찾아보기 어렵다는 말이다. 교회가 원래 그런 데가 아니라고, 오해한 것이라고 변명하지 않고 하는 회개가 진짜 회개이다. 그런데 그 회개의 모습 속에 변명의 목소리가 너무 크게 들리는 것이다. 변명이 아니라 회개 위에 교회가 세워져야 교회에 희망이, 그리고 교회가 희망이 될 수 있음을 기억해야 한다.

우리의 회개는 하나님을 향하여 하는 것이다. 그러나 그것이 전부가 아니다. 분명 우리는 하나님을 향하여 회개 하지만 그 하나님을 향한 회개는 우리의 이웃을 향한 회개를 포함하고 있어야 한다.

우리의 잘못으로 인하여 상처받은 이 땅을 향하여 회개가 이루어져야 그것이 하나님을 향한 진정한 회개가 될 수 있다는 말이다. 세상은 교회의 타락과 부정직, 그리고 세속화로 인하여 많은 상처를 받아 왔다. 그렇기 때문에 교회는 그들에게 먼저 용서를 빌어야 한다. 그래야 하나님 앞에서의 회개가 진실해 지는 것이다.

세례자 요한은 요단강가에서 회개의 세례를 베풀며 무리를 향하여 하나님을 향한 눈물을 보이라고 요구하지 않았다. 오히려 옷 두 벌 있는 자는 없는 자에게, 먹을 것이 있는 자는 없는 자에게 나눠주라고 요구함으로(눅3:11) 회개가 이웃을 향해 이루어져야 함을 선포했다. 이와 같이 우리의 회개도 이웃을 향하여 열려 있을 때 하나님을 향한 회개가 된다. 형제에게 원한 살 일 즉, 잘못한 일이 있을 때 그에게로 먼저 가서 화해한 후에 제물을 드리라는 예수님의 말씀 따라 이웃에게 먼저 회개의 문을 열어야 한다. 그것이 하나님을 향한 참된 회개이기 때문이다.

기독교의 유일한 힘은 회개이다. 이 사실은 아무리 강조해도 지나치지 않다. 큰 건물도, 어마어마한 교회 예산도, 깜짝 놀랄만한 프로그램도 교회의 능력이 아니다. 교인 중에 거물급 정치인이 태어나는 것도, 경제계를 뒤흔드는 기독교인이 나타나는 것도 교회의 희망이 아니고 하나님의 희망도 아니다. 오직 교회가 정직하게 회개하는 것, 그래서 중심으로부터 새로워지는 것만이 유일한, 그리고 참된

희망이고 교회의 능력이다. 그래서 우리가 할 일은 교회를 비난하고 욕하는 사람들에게 변명이 아니라 잘못했다고, 이제는 잘 하겠다고, 용서해 달라고 진심으로 용서를 구하는 것뿐이다. 그리고 그 정직한 고백과 함께 하나님께서 역사하시기를 기도해야 하는 것이다.

주님은 우리에게 기도를 가르쳐 주셨는데 그 기도는 다름 아닌 회개에의 요청일 뿐이다. 주께서 가르쳐 주신 주기도는 우리에게 하나님의 나라를 구하라고 가르치며 이 땅의 메마름 앞에 변명하지 말고 엎드리라고 요청한다. 선교란 다른 것이 아니다. 우리가 그 가르침에 반응하여 갈급한 이 땅을 향해 몸을 숙이고 변명 없이 엎드리는 것, 즉 회개하는 것, 그것이 바로 하나님 나라의 선교이다. 미전도 종족을 찾아가고, 모슬렘을 만나고, 아프리카 오지에 들어가야 선교가 아니라 우리의 이마가 메마른 땅에 닿아야 선교인 것이다.

우리의 모든 신앙은 종국적으로 선교를 지향한다. 예수 그리스도의 이름이 전파되고 하나님의 나라가 모든 고통 받는 하나님의 백성들에게 전해져야 한다. 그러한 비전이 없다면 그 신앙은 반 쪽짜리에 불과할 뿐이다. 아무리 성경을 잘 해석하고 열정적인 기도를 한다 하더라도 기독교 신앙에서 선교가 사라진다면 그 신앙은 바른 것이라 할 수 없다. 예수께서는 땅 끝까지 이르러 내 증인이 되라고 명령하셨기에(행1:8) 우리는 가는 곳마다 예수 그리스도의 이름과 하나님의 나라를 전해야 한다(행8:12).

그러나 진정한 선교는 메마른 땅에 이마를 대는 것이지 기독교 교리를 전달하고 암기시키는 것이 아니다. 하나님 나라의 복음 전파는 기독교 지식을 전달하는 것이 아니다. 믿는다고 말만 하면 죽어서 천국 갈 것이라고 약속하는 것도 아니다. 선교는 예수께서 그러셨던 것과 같이 고통 가운데 있는 우리 이웃의 삶의 현장으로 들어가 그들 앞에 우리의 몸을 숙이고 그들의 메마름에 눈을 뜨는 것이다. 예수께서 하나님 나라 복음으로 하나님의 다스리심을 선포하신 것과 같이 그 메마름에 하나님의 다스리심이 임하도록 다리가 되는 것이 진정한 선교인 것이다.

예수께서는 말씀이 육신이 되어 이 땅에 오신 분이시다. 예수께서 이 메마른 땅에 이마를 대신 사건을 우리는 성육신이라고 부른다. 그것이 예수께서 보여주신 선교의 모습이었다. 그러나 우리는 너무나 많은 경우에 육신으로 오신 예수님을 다시금 말로 바꾸어 버린다. 엎드리기보다 말하고 지시하고 조종하려 하는 것이다. 이렇게 우리의 선교 속에 성육신은 사라지고 오직 말과 교리만이 난무해 질 때 교회가 비난의 대상이 되고 영향력을 상실하게 되는 것이다.

한국교회가 땅에 엎드리신 예수님과 같이 성육신의 삶을 몸으로 배우기 시작할 때 우리는 한국교회의 희망을 꿈꿀 수 있다. 한국교회가 이 나라의 아픔을 끌어안고 연약한 자들을 섬길 때 이 나라에 희망이 비췰 것이기 때문이다. 교회는 더 좋은 건물 짓기 경쟁을 멈

추고 교회가 교회로서 해야 할 일들을 감당해야 한다. 더 좋은 건물, 세련된 디자인으로 꾸며놔야 자신의 교회에 많은 사람들이 찾아올 것이라는 전략을 버리고 하나님 나라 선교의 사명을 감당해야 그것이 교회이다. 좀 더 고상하게 교회를 꾸며서 내 교회에 좀 더 많은 사람이 찾아오는 것이 뭐 그리 중요하고 대단한 일인가? 하나님의 나라가 아파하고 쇠잔해져 가는데 내 교회에 다른 교회 출석하던 교인 좀 더 모이는 것이 그리도 중요한가? 교회가 쓸데없는 숫자 경쟁을 버려야 교회다움을 회복할 수 있는 것이다. 그래서 교회다움의 회복이, 교회에 대한 신뢰의 회복이 메마른 땅의 연약한 사람들을 회복시키는 능력으로 하나님 앞에 쓰임 받는 비전을 보아야 한다.

약자를 돌보는 공동체는 망한 적이 없다. 그 공동체는 결코 망할 수 없다. 공동체 안의 모든 구성원들이 그 공동체를 사랑하고 지켜가기 때문이다. 그러나 약자가 무시되고 권력자들에 의해 돌아가고 그들이 중심이 되어 있는 공동체는 기필코 망하고 만다. 그것이 아무리 강력한 국가라 할지라도 그런 공동체는 예외 없이 망했다. 오직 소자를 소중히 여기는 공동체만이 강한 생명력을 지닌다. 이것이 교회의 쇠락과 상관없이 하나님의 나라가 결코 망하지 않는 이유이다.

주기도를 가르쳐주신 예수께서는 늘 기도하는 삶을 사셨다. 그리고 그 기도에 합당하게 살아가셨다. 예수께서는 우리에게 기도를

가르쳐 주셨고 기도하며 자신을 따르라고 말씀하셨다. 그래서 예수께서 하나님의 나라를 선포하며 그 나라의 백성들을 사랑하셨던 것처럼 우리가 하나님의 나라를 선포하며 버려진 하나님의 백성들을 품고 사랑할 때 우리에게 예수님의 '제자'라는 이름이 붙여지게 된다. 우리가 진실한 마음으로 이마를 땅에 묻고 예수 그리스도를 따르기 시작할 때 하나님께서 우리를 통하여 이 땅 살리는 일을 이루실 것이다.

하나님의 나라는 하나님의 것이다. 하나님께서 친히 주인이 되셔서 다스리시기 때문이다. 모든 권능과 주권도 하나님의 것이다. 하나님께서는 하나님의 뜻 안에서 그 일을 친히 이루어 가시기 때문이다. 모든 영광도 하나님의 것이다. 오직 하나님만이 영광 받으실 분이시기 때문이다. 우리가 하나님의 마음을 가지고 하나님의 선교에 동참하게 될 때 나라와 권능과 영광이 아버지께 영원토록 돌려질 것이다.

참•고•한•책•들

- J. Jeremias, The Lord's prayer, Fortress

  The prayers of Jesus, SCM press

  예수 시대의 예루살렘, 한국신학연구소

- 빌리발트 뵈젠, 예수시대의 갈릴래아, 한국신학연구소

- 라이너 알베르츠, 포로시대의 이스라엘, 크리스챤다이제스트

  이스라엘 종교사2, 크리스챤다이제스트

- 존 브라이트, 하나님의 나라, 크리스챤다이제스트

- Albert Nolan, 그리스도교 이전의 예수, 분도출판사

- 에두아르트 로제, 신약성서 배경사, 대한기독교출판사

- W. 푀르스터, 신구약 중간사, 컨콜디아사

- 레온하르트 라가츠, 예수의 비유, 다산글방

- 왕대일, 묵시문학과 종말론, 대한기독교서회

- 게르트 타이센, 아네테 메르츠 공저, 역사적 예수, 다산글방

- 게르트 타이센, 갈릴래아 사람의 그림자, 한국신학연구소

- B. H. 켈버, 마가의 예수 이야기, 한국신학연구소

- 필립 얀시, 놀라운 하나님의 은혜, IVP

- 임영수, 열흘동안 배우는 주기도문 학교, 홍성사

- 김세윤, 주기도문 강해, 두란노

- 나채운, 주기도, 사도신조, 축도, 성지출판사